商脉

带你读懂广州

『老城市 新活力』丛书

广州日报读懂广州工作室 著

图书在版编目（CIP）数据

带你读懂广州商脉 / 广州日报读懂广州工作室著 . 广州 : 广州出版社，2025. 6. --（“老城市　新活力”丛书）. -- ISBN 978-7-5462-3906-4

I. F729

中国国家版本馆 CIP 数据核字第 2025B1E839 号

出 版 人　柳宗慧
书　　名　带你读懂广州商脉
Dai Ni Dudong Guangzhou Shangmai
出版发行　广州出版社
（地址：广州市天河区天润路 87 号 9、10 楼
邮政编码：510635　网址：www.gzcbs.com.cn）
责任编辑　霍婉兰
责任校对　李少芳
装帧设计　胡广俊（Gwangjun.com）
印刷单位　深圳市新联美术印刷有限公司
（地址：深圳市龙岗区平湖街道鹅公岭社区凤凰大道凤门园工业园 1 号 A 楼 101、201、301　邮政编码：518111）
规　　格　787 mm ×1092 mm　1/32
印　　张　7.625
字　　数　155 千字
版　　次　2025 年 6 月第 1 版
印　　次　2025 年 6 月第 1 次
书　　号　ISBN 978-7-5462-3906-4
定　　价　58.00 元

AREA A
5

中國进出口商品交易会
CHINA IMPORT AND EXPORT FAIR
广交世界 互利天下

5.1

总序

广州，是一座什么样的城市？

习近平总书记曾指出，广州是中国民主革命的策源地和中国改革开放的排头兵。1000 多年前，广州就是海上丝绸之路的一个起点。100 多年前，就是在这里打开了近现代中国进步的大门。40 多年前，也是在这里首先蹚出来一条经济特区建设之路。

广州地处南海之滨，是首批国家历史文化名城，也是国际大都市中少见的拥有完整山水格局的城市。

“青山半入城”，“六脉皆通海”。山，犹如广州的城市“基座”。大自然的鬼斧神工，将 6 亿年前的汪洋雕琢成如今绵延千里的南岭山脉。南岭峰峦叠嶂，是长江流域与珠江流域的天然界碑，不仅为岭南大地带来丰富的自然资源和独特的生态环境，也造就了广州这座历史文化名城。南岭余脉延至广州城内，化作标志性的白云山、越秀山以及无数的岗丘。早在 2200 多年前，秦将任嚣便在番山、禺山之麓建“任嚣城”，拉开广州城与山共生的序章。

群山之间，清泉潺潺，汇聚成溪，融入发达而繁复的珠江水系，一路奔腾入海，并在山水相连、江海交汇处，孕育出广州城。这里河涌密布，水网纵横，湖泊星罗棋布。水，不仅滋养了广州人的生命，还培育了广州人的思维方式，广州人的日常生活、言语表达，都不离“水”。时至今日，广州依然保留了濠、涌、滘、沥等众多的“水”地名，以及醒水、心水等丰富的“水”方言。

山水交织，滋养了广州独特的城市演进脉络，造就了一座长盛不衰的商贸之都，也孕育了厚重的岭南文化。

得天独厚的山水格局塑造了广州与其他大都市不一样的城市肌理。走在热闹的北京路上，高大的榕树挂满了红色灯笼，脚下是从唐代直到民国时期的11层路面一一叠压。从任嚣建番禺城，到宋扩建三城开凿六脉渠，从明代扩展北城墙至越秀山，到民国拆城墙、开马路，再到如今珠江新城等CBD崛起，2200多年，广州城沿着云山珠水的地理格局，从0.05平方公里扩展至7434.40平方公里，谱写出波澜壮阔的城脉史诗。

广州因山水而生，又因商而兴，“千年商都”是广州的响亮名片。2200多年来，广州凭借山、水、江、海交汇的独特优势，始终是中国连通世界的一扇大门。秦汉时期，异域的奇珍异宝，从海路来到广州，经珠江水系辗转中原。唐宋时期，广州通海夷道可以抵达波斯湾、东非等地。官府在今光塔路一带设置蕃坊，供远道而来的外国商人居住。“临江喧万井，立地涌千艘”，明代广州往来商船络绎不绝。在清代，欧美商人奔赴广州贸易，成就了以广州十三行为核心的“天子南库”的繁盛。1957年创办的广交会，货通四海，成为中国对外贸易的“晴雨表”“风向标”。千年商脉，生生不息。

山水之城，江海之交，千百年来，南北文化在此融合共荣、中外文明在此交流互鉴，孕育出多姿多彩、勇于革新的广府文化。秦汉时期，中原礼乐文化与本土文化在此共舞；唐宋时期，“外国衣装盛，中原气象非”，异域风情沿海上丝路而来；明清以降，广州成为中西文化碰撞交融的前沿阵地，催生了广府文化璀璨成果。自东汉“岭海儒宗”陈元首开岭南人办学之风，一代又一代名师硕儒在此开坛讲学、薪火相传，尤其是书院兴起后，更是学派纷呈，名人辈出。以“三雕一彩一绣”为代表的广州工艺美术技艺声名远扬，在对外经贸与文化交流中发挥了重要的作用，彰显着“千年商都”的风范和深厚的历史底蕴。在传承发扬、创新求变中诞生的岭南三大艺术瑰宝——粤剧、广东音乐、岭南画派，更是融通中西文化，至今仍保持着充沛的活力。

城依山而建，商因水而兴，文因城、商而盛。山、水、城、商、文相互交织绵延，共同塑造出广州兼收并蓄、开放包容、敢为人先、锐意进取的城市性格。这种性格，已然化作城市发展的基石与底色，让这座千年古城始终焕发生机与活力。

五岭巍峨，珠江潮涌，南海滔滔，烟火繁华。“老城市新活力”丛书之“带你读懂广州”书系五个分册，分别从山、水、城、商、文五个维度，用新闻的笔法、历史文化的视角、生活化的表达，引领读者读懂古今广州，感悟岭南文化。

赓续传承、奔赴山海，这套丛书既是对广州山水自然和历史人文的深情致敬与礼赞，更是续写城脉、商脉、文脉传奇的诚挚邀约与热切期待。诚邀每一位读者，跟随这套丛书，走进广州、读懂广州，与这座城市共同续写新的传奇。

“带你读懂广州”书系编委会

二〇二五年五月

千年商都，潮涌未来

在岭南地区，有一座城，以千年的时光为笔，以商贸的繁荣为墨，绘制了一幅幅跨越时空的壮丽画卷。这，便是广州，一个名字里就蕴含着无尽故事与梦想的千年商都。

“州”立于江海上，“广”通于四海间。广州背靠五岭，面向浩瀚大海，海岸线漫长，岛礁如链。粤人向海而生，自古以来的商业兴盛造就了广州，催生了广州。汉代，广州是全国九大商业都会之一，也是唯一以舶来品贸易为主的商业都会。汉武帝时期，商队从广州出发，远航至今日的斯里兰卡。唐代，广州港已成为东方第一大贸易港，开辟了长达 14000 公里的海外航线，是当时世界上最长的航线。朝廷在广州首置市舶使，开创了古代海外贸易管理的新制度。鼎盛时期，每年来广州做生意的外商达 80 多万人次，其中长居于广州的有 12 万人以上。宋代，广州是“万国衣冠、络绎不绝”的对外贸易大港，甚至开始制造专供海外的“广货”。

广州是中国两千多年以来唯一一个不曾中断对外贸易的商业城市。即便是在明朝实行海禁的时期，广州依然保留着对外通商的地位。明代，广州每年举办两次的集市贸易——定期市，与今天的广交会有异曲同工之妙。清代，广州十三行的设立，更是将古代海上丝绸之路推向了历史的高峰。中华人民共和国成立后，广交会作为中国对外贸易交流的窗口，汇聚天下客商，成为现代中国对外开放、发展经济的缩影。当改革开放春风拂面而来，千年商都再次先行一步。广州的灯光夜市迅速点燃中国城市的“夜经济”，走出了广州第一批个体户，“广式服务”也广为人知。新型商业销售模式在广州出现，并很快发展壮大，使得广州零售业稳居全国前列。

在长盛不衰的商贸往来中，广州形成开放包容、敢于冒险、求新求变的精神品质，令粤商崛起为中国三大商帮之一。从早期的海商到后来的行商，再到兴办实业的制造商……粤商生生不息的奋斗史就是千年商都的发展史。

做生意的手法和商业思维，让广州人的精神生活更为多元，超前意识、服务意识及创新意识特别强，头脑灵活又讲诚信、讲规则。重商传统也渗透广州人的日常生活中，深深影响了广州人的生活方式、行为准则和价值观念。祈求生意兴隆、诸事好运的“好意头”文化表现得尤为突出，比如，“恭喜发财”是广府人拜年时使用频率最高的祝福语；粤语中数字“8”尤其受到人们的青睐，因为“8”与粤语中的“发”字谐音。

千年商都也是美食之都，岭南文化和商业文化在美食中完美融合。广州位于中西文化与南北文化、内陆文明与海洋文明的交汇之处，物资丰富，商贾云集，这奠定了广府菜融合与创新的基础。茶楼便是十三行时期因商人谈生意需要雅致的品茗用餐之处而产生，广式美食更随着商人的脚步，走进上海滩，走到世界各地，让“食在广州”享誉海内外。

千年商都，是广州长盛不衰的名片。《带你读懂广州商脉》一书展现了广州千年商脉的生生不息，是海上丝绸之路破浪前行的壮阔帆影，是黄埔古码头沉淀百年的岁月沧桑，是清代十三行商馆林立的盛景重现；字里行间，蕃坊的商业印记犹现，老字号的匠心传承历久弥新。从粤商敢为人先的创业传奇，到美食之都烟火蒸腾的商业繁荣，人们在品味广州商业传奇的同时，感受到这座城市生生不息的活力与魅力。

目录

第七章 商贸地名相伴行 127

第八章 粤菜之美在于和与合 151

第一章 千年商都立潮头

文一倪明 许晓芳

千年商脉传承地，生生不息立潮头。

全球55个一线城市中，只有广州能被称为“千年商都”。广州是中国2000多年以来唯一一个不曾中断对外贸易的商业城市。

从古代海上丝绸之路到当代改革开放，广州因商而兴盛，因商而拓城，千年商都的历史积淀和鲜明的商贸特色深入这座城市的每一寸肌理中。厚重悠久的商脉历史、丰富多元的商业文化，是广州最珍贵的历史遗产。

千年精彩从头数

秦汉时期南越王用上高端舶来品

1983 年 6 月的一天，考古人员在广州越秀区象岗山发现了山腹之中的庞大墓葬。要知道，从三国孙权时期开始，人们就一直在寻找南越王墓葬，随着考古发掘工作的开展，这个谜题终于有了答案。

令人惊奇的是，被发掘的南越王墓里陈列着五支完整的非洲大象牙和装着药丸的波斯银盒。这些来自异域的精美器物是如何跨越山海，齐聚番禺城的呢？

据《史记·货殖列传》记载："番禺亦其一都会也。"番禺（古广州）是《史记》和《后汉书·地理志》中记载的全国九大商业都会之一，也是唯一以舶来品贸易为主的商业都会。

在古代中国"重农抑商"的大背景下，广州得益于天时地利，早早就出现了商业萌芽。商业贸易作为广州城市发展的核心驱动力，持续稳定地延续了 2000 多年，绘就了广州城市发展的底色。早在春秋战国时期，番禺（古广州）就是我国最早的港口之一。《淮南子·人间训》记载，秦始皇南平百越的目的之一是"犀角、象齿、翡翠、珠玑"，这些物品多来自海外。

秦汉时期，广州建有造船工场。广州的南越王墓以及其他汉墓出土的珍贵文物中包含了大量来自东南亚、西亚、北非的犀角、象牙、玳瑁、玛瑙、水晶、香料等名贵舶来品，比湛江徐闻、广西合浦等地汉墓中出土的文物更加丰富多样。这些考古发现也证实了广州早在秦汉时期就已深度参与南海贸易，并且可能是舶来品贸易最主要的集散中心。

^ 南越王博物院藏蒜瓣纹银盒（王维宣摄）

隋唐十万外商云集城外蕃坊

隋朝时，隋炀帝开凿了隋唐大运河，把南北水路交通贯穿起来。唐代开元年间，张九龄主持扩建大庾岭道，大大方便了岭南岭北的陆路交通。唐代，广州港已成为东方第一大贸易港，朝廷向广州派遣了专门管理外贸的官员——市舶使，并开辟了长达 14000 公里的海外航线，这是当时世界上最长的航线。唐代，广州人口大增，国内外交通运输便利，远洋贸易推动了商业发展，自此，一个个与商业有关的地名相继出现，如同特有的印记，深深铭刻在广州这座城市里。

在唐代，广州城的范围向南、向西扩展，以今北京路为中轴线的城市格局逐渐形成。唐朝实行坊市制度，“坊”是住宅区，“市”是商业区，二者严格分离。

据史料记载，唐开元年间，长期居留广州的外商有 12 万人，广州城区西部建成了外国人聚居区——蕃坊（今解放路以西、人民路以东，以光塔路为中心）。

唐代的广州还有最具特色的“夜市”消费。当时国内其他城市都有宵禁，即夜间禁止开市买卖，但广州是个例外。唐代诗人张籍的《送郑尚书出镇南海》一诗描写了广州“蛮声喧夜市，海色浸潮台”的情景。夜市灯火通明，飞禽走兽、海鲜等都被拿来做食材，称为“南食”。可以想象一下，当时满街游客东游西逛，是何等的热闹。今天的广州人吃夜宵的习惯，或是发端于此。

到了唐代，世界各国许多有关中外交流的古籍里都出现了广州的名字。阿拉伯人苏莱曼在《中国印度见闻录》中将广州称为“广府”。“连天浪静长鲸息，映日帆多宝舶来”，刘禹锡的这句诗生动地说明了广州在唐代已发展成为重要的国际贸易大都市。

宋元专业街市遍布全城

宋元时期，岭南地区人口大量增长，社会经济发展非常迅速，广州的国内外贸易长盛不衰。同时，外贸活动对经济发展的推动作用日渐显现，广州成为一个人文荟萃、商贸发达的繁荣都市，有“百货之肆、五都之市”之称。

宋代，广州先后筑子城、东城、西城三城（今天的大南路、人民路、惠福西路、德政路这一范围），史称“宋三城”。其中，子城为衙署所在地，东城为商业区，西城为住宅区，蕃坊在西城内。三城以南的珠江沿岸形成了居民区和市场，南宋时又在这里修建了东、西雁翅城。双门底（今北京路段）发展成全城最早的商业中心，城西南的南濠口、西澳（今诗书路、省中医院一带）是广州最大的外贸码头、市舶司驻地。

这一时期，坊市制度被打破，街头巷尾冒出各种商铺。官方规定，商铺必须分“行”经营，于是，“象牙一条街”“玛瑙一条街”“纸业一条街”……各类专业街纷纷形成。流传至今的绒线街、雨帽街、象牙巷等老地名就源于此。

广州还是米和盐的重要集散地。据《广州市志》记载，广州在宋代逐渐成为全国最大的米市。每到收获季节，粮商们利用水陆交通，将粮食从各地运送到广州，集中在今五仙观以北一带，形成一个米市，后人将这一带称为米市路。现广州的旧仓巷和仓边路附近则设有盐仓，专门收储东莞、新会所生产的食盐，并向岭南及内地发售。

宋元时期，广州作为外贸和商业中心的辐射作用开始显现。广州附近出现了扶胥、大通、瑞石、平石、猎德、大水、石门和白田等繁荣的墟市，也就是在功能上服务于广州的卫星集镇。

元代，来访广州的阿拉伯旅行家伊本·白图泰感叹："秦克兰城（即广州）者，世界大城中之一也。市场优美，为世界各大城所不能及。"据 1304 年的统计，广州所辖户口为 1 万余户，其中，从事农业生产的只有 100 余户，其他绝大多数为商户或手工业者。

∧ 珠江南岸运茶图　水粉通草画［广东省博物馆（广州鲁迅纪念馆）藏］

∧ 黄埔帆影　水粉画［广东省博物馆（广州鲁迅纪念馆）藏］

明清七十二行批发市场旺至今

明代至清中期是古代广州最繁荣的时期。尽管在很长一段时间内，朝廷实行海禁政策，但广州独揽了全国的对外贸易之利，官方还设立为买卖双方间作介绍的“牙行”，并发展成专门从事对外贸易的商业团体——三十六行（明代）和十三行（清代）。

“一口通商”给广州带来了前所未有的商业繁荣。由此，珠江三角洲形成了以广州、佛山为核心的“前店后厂”式的产、供、销外贸经济链。明朝广东地方官员采用“定期市”的外贸形式，允许葡萄牙人在澳门居住，并于每年夏秋两季到广州与中国商人进行外贸交易。这是有据可查的“广交会”的最早形式。明代，三城合一，并建新城。清代建“鸡翼城”，十三行在城墙之外的城西兴起，“海珠寺前江水奔，诸洋估舶如云屯”一句竹枝词，描绘出广州万商云集的繁华景象。

明代的广州城里，沿西濠西岸及下西关涌（大观河）两岸有 17 条商业繁盛街圩即“甫”，这些“甫”各具特色：第二甫卖的是刀剪利器，第三甫集中卖鲜花，第七甫多开报馆，上九甫的绒线铺排成一片，下九甫绸缎店一间接一间……时人称广州“街市繁华，十倍苏杭”。到了清代，随着十三行贸易的发展，这里变为纺织机房区，生丝在这里加工成绸缎，再销往世界各地。浓郁的商业氛围让十三行周边发展出一种叫作“栏”的商区，也就是今天的批发市场，卖船桨的桨栏路、卖杉木的杉木栏路，还有聚集着豆类批发市场的豆栏上街，以及西关农户的集散地鸡栏街……今天，这一带的商贸传统仍未有太大改变。上下九路以南、沿江路以北，西起康王南路，东至人民南路，有十三行路的服装城、一德路的海味干货一条街、一德东路的日用品一条街、海珠南路的玩具行……无数市场在这里扎堆，其中，尤以十三行服装批发市场在全国最为知名。

当时，广州的营商环境令外商印象深刻，商人公平交易、童叟无欺。1830 年，英国下议院对在广州做过生意的英国商人进行调查时，英商纷纷表示在广州做生意几乎比在世界其他任何地方都更好。

^ 十三行商馆［广东省博物馆（广州鲁迅纪念馆）藏］

百年华章重『求新』

20 世纪初，广州开马路、建骑楼、造公园，开始步入城市化进程，当时有规划地建设了惠爱路（今中山六路）、上下九和西濠口（长堤一带）三个商业中心区，商铺、银行、茶楼、影院林立其间，人流如织，灯火辉煌，广州现代商业风貌初步形成。

同一时期，粤籍华侨借道香港来到广州，从西关到长堤，将沿街传统杂货铺“装”进了百货公司大楼，开创了百货业先河。1907 年，广州首个百货公司——香港光商在西关十八甫开业。

随后，长堤一带迅速成为商业新秀，诞生了先施、大新等内地第一批现代百货公司，首创了开票收款、定时营业等新型商业服务模式。

港口贸易不再是广州发展的核心，广州演变为综合性的多功能经济中心。20 世纪 30 年代，广州已建立包括纺织、造纸、水泥等在内的一批现代企业，商业流通网络更加发达，商行、批发货栈、专业市集分类明确，百业兴旺。

随着西风东渐而来的还有各种新式生活风尚，电话、电报、电车等现代生活器物纷纷率先在广州投入使用。西服、西餐等生活方式和个性解放等观念也在民间迅速流行起来。

长堤繁盛的商业图景一直延续到中华人民共和国成立后。二十世纪六七十年代，以南方大厦为代表的商厦是广州最繁盛的商业中心。南方大厦在内地实现多项首创——售货员“站立售货”，大件商品免费配送，开设第一间 24 小时便利店等。1983 年，南方大厦的销售额居内地百货商店之首，当时广州流行一句话：“不到南方大厦，就不算到过广州。”

^ 南方大厦（莫伟浓摄）

国际商都新格局

西湖路夜市饮“头啖汤”

十三行“出生”200年后，历史再次选择广州作为中国对外贸易交流的窗口。1957年4月25日，广州流花路中苏友好大厦一楼锣鼓喧天，第一届中国出口商品交易会（下称“广交会”）在此开幕。广州再次广聚天下客、广卖天下货，继续谱写海上丝绸之路的华彩乐章。

改革开放的春风吹动珠江春潮，千年商都再次先行一步。20世纪70年代末，迁往环市东路的广州友谊商店率先探索粤港消费合作，首创“香港买单，广州提货”的业务模式。

1980年，高第街成为内地首条个体服装街，大批客商来广州采购最新款的流行服装。

1981年，内地第一家自选超市——广州友谊超市开业，货柜上的商品在开业当天被抢购一空。

1984年，广州西湖路灯光夜市开业。这是内地第一个灯光夜市，最兴盛时有上千个档口，全国各地的厂商聚集于此，甚至还有外国商人慕名而来，喇叭裤、蝙蝠衫、蛤蟆镜等当年的时髦商品由此风靡大江南北。

广州的灯光夜市迅速点燃中国城市的“夜经济”。这里走出了广州第一批个体户，“广式服务”也逐渐广为人知。

环市东成“广州尖东”

二十世纪八九十年代，广州商圈逐渐从长堤向东迁移，环市东一带成为领事馆、外事机构的集中地，“63层”（广东国际大厦的俗称）与附近的友谊商店、花园大酒店等著名商旅地标组成的环市东路商圈被人们称为“广州尖东”。1993年，“63层”迎来广州第一家麦当劳餐厅。“老广州”忆及开业时的盛况，说热闹得像赶集一样，还有人特意在那里拍照留念。

20世纪90年代以后，融入经济全球化的广州商业迎来新的发展高峰，更多新型购物中心和大型商圈在各大城区纷纷崛起，超级市场、专卖店、便利店等各类商业业态纷纷涌现。

1990年开业的“新大新”（广州新大新百货公司）是当时内地营业楼层最多、设备最为现代化的百货大楼。1991年开业的广州百货大厦成为内地单座营业面积最大的百货商场。1995年，“新大新”商品销售额达11亿元，创下当年内地百货公司每平方米销售额的最高纪录。

糅合了深厚商业历史底蕴和现代繁华气象的千年商业街北京路成为广州著名的文化、商业、旅游景点。如今，每年在这里举行的迎春花市和广府庙会是最有广府文化特色的城市品牌。

新型商业销售模式总是最先在广州出现，并很快发展壮大，使得广州零售业稳居全国前列。1993年开业的南方大厦广客隆（广客隆贸易有限公司）是内地第一家仓储式商场。1995年，广州第一条同时也是内地第一条商业步行街——上下九商业步行街开通，它延续了过往商业历史的荣光，集商业、建筑、民俗、饮食于一身，呈现出浓郁的老广州市井风情。

“天河路商圈”销售额首破万亿

1996 年，广州迎来了内地首个大型购物中心——建筑面积达 16 万平方米的天河城。随后，中天购物城、时代广场、正佳广场、万菱汇、维多利广场、太古汇、天环广场等拔地而起，包含 20 多家购物中心、拥有 150 万平方米的商业总体量的“天河路商圈”成为内地首个销售额万亿级商圈。

广百百货、“新大新”、天河城、正佳广场、中华广场等购物中心成为闻名全国的商业地标。上下九、天河路、北京路和环市东路等商圈融合了各种传统与新型的商业业态，提供旅游、餐饮、娱乐等多种休闲服务，成为极具辐射力的综合性商业中心。

除规模庞大的商圈和商业中心之外，在广州的街头巷尾，每一两个街区就有杂货铺、五金店、自称“士多”的本土小店、便利店、小食店等，这些自成一体的小商圈与生活圈交织在一起，让市民不出百步就能买到实惠又实用的商品。它们正是源远流长的商贸文化传统在广州这个城市“润物细无声”的直观体现。

^ 天河路商圈（苏俊杰摄）

世界级地标商圈引领消费新模式

进入21世纪，珠江新城、白云新城等新的商圈趁势崛起。

2021年7月，广州又迎来了一个全新的身份：经国务院批准，广州入选全国首批5个培育建设国际消费中心城市名单。站在新起点上，将广州打造成具有全球影响力、竞争力、美誉度的世界一流国际消费中心城市，成为广州新阶段的全新目标。

如今，广州塔—琶洲、长隆—万博世界级地标商圈已蓝图初显；万象、太古双子齐落，白鹅潭即将演绎广州西翼高端消费的气象万千；在广州的东部，金融城—黄埔湾商圈正在孕育中。伴随着新的消费片区建设加快，广州城市新区将释放空间，提供更多优质载体。

商脉根基深厚、敢为人先、低调务实、积极进取的广州，是国内互联网产业发展的起点之一。2014年，全球总部在广州的社交软件微信开放了第三方支付接口，移动支付成了人们消费的主要支付方式。

2020年3月，广州在全国发布首个直播电商产业政策，举办全国首个以城市为平台的直播节，成立首家直播电商研究院，让“产业兴、广货旺”的火爆行情从线下延伸至线上。

根据戴德梁行发布的报告，2022全年广州共有5个购物中心开业，推动全市购物场所总存量突破500万平方米。

2023年7月，《广州市重点商业功能区发展规划（2020—

2035 年)》印发，明确在重点打造“5+2+4”国际知名商圈之外，确定了 22 个区域性商业功能区的规划布局，力争至 2035 年，全市形成 33 个重点商圈。

时至今日，广州港已是全球最繁忙的港口之一，有 150 多条外贸航线，通达全球 100 多个国家和地区；广交会四期项目正式投用，展馆成为全球规模最大会展综合体；天河路商圈“华南第一商圈”的底气通过每一次节假日的人潮显现出来……广州围绕“产业型”“流量型”“服务型”特征建设国际消费中心城市，大力提升广州国际知名度、通达便利度、政策引领度，增强消费繁荣度、商业活跃度，更好汇聚全球消费资源、吸引全球消费人群。

商业精神传承至今

作为世界唯一一个 2000 年不衰的贸易港口，广州的港口贸易不仅吸引了大量资本和人才涌入，也带动了当地各行业的发展和繁荣，使得广州成了一个繁荣的商业城市。

明代，广州人已经善于遵循商业逻辑来发展农业生产，大量种植龙眼、甘蔗、烟叶等经济作物。到了清代中叶，“非经商不能昌业”“无商不富”等已成为广州民间社会的流行观念。清康熙年间，有记载说广州“番民杂遝，民皆弃本争毫末利”，可见商业成为当时人人竞逐的热门职业，不仅一般市民喜欢从商经商，连官吏仕子也不以经商为耻，“弃儒经商”或“弃官经商”的现象比比皆是。随着明清商人阶层的形成和发展，广州人的经商意识日益普及化，重商的观念深入人心，一个以商人、手工业者为主体的阶层开始从农业生产中分离出来，市民社会得以逐渐形成。重商精神在长久的历史进程中渗透于广州人的日常生活，深刻影响了广州人的心态、生活方式、行为准则和价值观念。

“两千多年来广州人不断创新，形成了独有的经营理念、做生意的手法和商业思维，长期与国际市场的接触，也让广州人的精神生活更为多元。当年的超前意识、服务意识及创新意识都传承到了今天，千年商都实至名归。”岭南商旅投资集团副总经理，广百股份原党委书记、原董事长王晖曾这样说。

千年风云，如弹指一瞬。今日的广州，带着深厚的商业基因，焕发新姿，不断进化。正是这些不断丰富的商业创新和发展，不断给广州带来新面貌、新活力。

^ 天河路商圈（莫伟浓摄）

^ 北京路商圈（王燕、钟涌、李文博摄）

第二章 黄埔千年古码头

文—倪明

黄埔千年古码头，海丝万里不扬波。

广州，海上丝绸之路的重要发祥地，唯一历经千年而繁盛不衰的港口城市。唐宋时期，以扶胥港为起点的“广州通海夷道”是世界上最长的远洋航线；唐朝至南宋初年，广州是中国第一大港。今日，南海神庙依然宫阙巍峨，海上丝路也延展得更为壮丽遥远。“扶胥浴日”的盛景虽已成为过去，但“海不扬波”的祈盼至今生生不息。

洋舶往返跨越千年时光，从隋唐至今，黄埔港虽然四易其址，但一直是广州自古作为港口城市且长盛不衰的历史见证。

古代海上丝路第一站

“广州通海夷道”以南海神庙扶胥港为起点

在黄埔区庙头社区的南海神庙前方，矗立着“海不扬波”牌坊。牌坊前的地坪下面是黄埔古码头遗址，经考古发掘发现，此古码头道路有早晚两期，上层花岗岩石铺就的码头和道路系清代所建，而早期道路在其下，或为明朝所建。

古码头步级保存比较完整，东西宽 9.6 米，有 9 级踏跺，两侧砌石，与石牌坊正对。从其与“海不扬波”牌坊的关系判断，现存的道路、码头和牌坊可能是同时修建的。

黄埔古码头的发现也是机缘巧合。2005 年，“哥德堡Ⅲ号”即将重返黄埔之际，施工队建设南海神庙前广场时发现了清代码头遗址。古码头的发现，证明清代的珠江水仍到“海不扬波”牌坊前。

2005 年，考古专家又在南海神庙西南侧发掘出古码头遗址。遗址由码头、道路、小桥构成，由南到北延伸至浴日亭下。据码头遗址的石料选材、构筑特征以及出土遗物，考古专家初步推断其建造年代不晚于明代。有专家提出南海神庙的建设可能在隋唐古码头之后，因为建设南海神庙的物资和材料可能就是通过这个码头运送的。

为何会有明、清两个古码头？据专家推断，明代码头到清代嘉庆年间已经淤塞，为方便游人下船进入南海神庙，清代再修码头。清代中期，河滩淤积，岸线南移，码头的使用越来越少。此后，经围海造田，南海神庙前的江水渐渐退去，江面变成耕地，清代码头也被掩埋在泥土之下。

黄埔古码头一带，即古代名扬中外的扶胥古港。据史料记载，位于此地的扶胥古港真正成为广州外港是在隋唐时期。虽然目前还没找到隋唐古码头遗址，但考古学家于1973年在南海神庙西侧鱼塘内发现了晚唐时期成排的码头枕木，初步推断为唐代扶胥港遗物。

据《新唐书·地理志》记载，唐代以南海神庙扶胥港为起点的“广州通海夷道”已长达14000公里，是当时世界上最长的航道。

∧“海不扬波”牌坊矗立在南海神庙前（高鹤涛摄）

晋代码头所在地名“古斗村”

如今，清代码头遗址前方300米就是黄埔发电厂。发电厂前面的珠江上，仍可见船只来来往往。把时光再倒推至约1800年前的晋代，这里是离广州城百里之遥的“古斗村”。晋代学者裴渊在《广州记》里说：“广州东百里有村，号曰古斗，自此出海，溟渺无际。”因古村处于广州溺谷湾北缘漏斗湾口，珠江前后航道在此汇合后，形成宽广的狮子洋顶港湾区，江面宽达2500米。我国著名地理学家曾昭璇在《广州历史地理》一书中写道：古越语中“古斗”意即“岗村”，“扶胥”在古越语中为“人墟”之意。

唐宋扶胥港成广州外港

隋代，扶胥地区发展成广州南海镇，扶胥港或已形成。随着海上航运越来越频繁，人们对海神的祭拜变得更为隆重。公元594年，隋文帝下诏，在南海镇为南海神建祠。

唐代安史之乱后，中原通往西域的陆上丝绸之路被阻断并逐渐衰落，货物贸易逐渐改走海上丝绸之路，各国海船汇聚，广州由此成为中国第一大港。南海镇改名为扶胥镇，成为中外船舶进出广州的必经之地，既是中外商船停泊的场所，也是进出口商船的检查站，且能为远航船只提供淡水、食品及日用品。唐代大文豪韩愈在《送郑尚书赴南海》中有“盖海旂幢出，连天观阁开”“货通师子国，乐奏武王台”之句，生动描绘了当年扶胥古港的繁华景象。

宋代，商船自扶胥港可达“西南诸蕃三十余国”，“夷舶往来，百货丰盛”。

据《新唐书·地理志》记载，“广州通海夷道”指的就是以南海神庙前的古码头为起点的通航之路。1991 年，联合国教科文组织海上丝绸之路考察团乘“和平之舟号”抵达黄埔港，首站即考察南海神庙，并确认这里是中国历史上海上丝绸之路的起点之一。

“海事”碑文映现海外贸易兴旺

清代码头后面的南海神庙是中国现存历史最悠久、规模最大、最完整的海神庙，也是扶胥古码头的地理标志。公元 726 年，因久旱不雨，唐玄宗派遣太常少卿张九龄赴广州祭祀南海神，此后历代帝王不断派遣重臣前来祭祀，留下了不少珍贵碑刻，所以南海神庙又有“南方碑林”之称。1703 年，清代康熙皇帝御笔为南海神庙题写了“万里波澄”四个大字。

南海神庙就是一座浩瀚的“海丝文化”宝库：碑廊及碑亭中立有唐、宋、元、明、清历代碑刻。屹立在头门东侧的碑刻是唐代大文豪韩愈于唐元和十五年（820 年）受邀写下的《南海神广利王庙碑》千字长文。碑文中提及“海事”一词，是该词第一次出现在我国古代文献中。

当时，广州往来贸易的商品极为丰富，包括瓷器、丝绸、茶叶、香药、玻璃器等，其中尤以瓷器出口和香药进口最为大宗。广州西村窑生产的瓷器远销东南亚、西亚等地区。频繁的经贸往来不但深刻影响了海内外贸易双方的生产生活，还促进了东西方的文化交融，造就了广州兼收并蓄、异彩纷呈的多元历史文化。

海外贸易的兴旺带来了巨额税收。唐开元年间，朝廷在广州设立市舶使，宋代则设市舶司，管理海外贸易。作为中国第一大港的外港，扶胥港发挥了巨大作用，守护商船的南海神因而被朝廷欣然册封为“洪圣广利王”（意即广收天下之利）。

南海神庙仪门的东侧有一尊穿着中国唐代官服、黝黑脸庞的外国人塑像。这尊塑像为何立于南海神庙前？原来，古时前来南海神庙祭祀的不止中国历代帝王派遣的大臣，国内海商及许多来华的朝贡使、外国商贾等出入广州时，都会来南海神庙祭拜。南宋学者方信孺在《南海百咏》里说，唐朝波罗国（古印度）使者到京城朝贡，返程时顺道登庙，拜谒南海神。贡使种下了从波罗国带来的两粒波罗树种子，不料因流连庙中景致，误了归船。他望江悲泣，并举左手于额前作望海状，希望海船回来载他，后来立化海边。当地人以为此人乃神仙所化，将其厚葬之余，还为其漆像、加衣冠，封为“达奚司空”。因其来自波罗国，村民俗称此塑像为“番鬼望波罗”（粤俚语中，外国人被称为“番鬼”)。

达奚司空的故事不仅反映了唐宋时期广州对外贸易的繁盛，也折射出南海神庙在外国友人眼中的影响力。据当地人介绍，由于“番鬼望波罗”的故事及南海神庙内波罗树的存在，南海神庙又被称为“波罗庙”；每年庆祝南海神诞的庙会活动也被称为“波罗诞”，于农历二月举行。每年波罗诞之际，善男信女从四面八方聚集到庙头村，十分热闹，波罗诞因此成为广州乃至珠三角最古老、最盛大的民间庙会。

^ 南海神庙波罗诞（杨耀烨摄）

^ 波罗诞的波罗鸡（王维宣摄）

清代外港西移，贸易昌盛依旧

明代以后，因航道淤积，广州外港向黄埔洲与琶洲一带水域（今海珠区黄埔村）转移，始有“黄埔港”之名。

1745 年，“哥德堡 I 号”商船第三次从黄埔古港返回瑞典时，遭遇暴风雨袭击而沉没。然而，从海中打捞出来的不到全船三分之一的中国瓷器、丝绸、茶叶等货物，经拍卖后所得费用在除去船只损失及打捞费后，还足够重建一艘“哥德堡 I 号”，广州海外贸易利润之高可见一斑。

乾隆二十二年（1757 年），清朝实行“一口通商”政策，规定从海路而来的欧美商人只能在广州口岸进行中外贸易。1759 年，朝廷指定黄埔港为欧美外国商船唯一停泊港口，黄埔港因此迎来了它最辉煌的时期，同时也孕育了盛极一时的十三行。由于官方只允许少数外商入城，大部分水手只能到长洲岛休憩、补给，长洲岛随之迅速成为中外民间交流的舞台，讲洋味粤语甚至成了当地的时尚。黄埔军校、柯拜船坞、外国人公墓、巴斯楼、长洲炮台等遗迹散落于岛内，从中依稀可见当时的风云激荡。据《黄埔港史》记载，在广州“一口通商”的 80 多年间，停泊在黄埔古港的外国商船共计 5107 艘，可谓鼎盛一时。

在黄埔古港一枝独秀的 80 多年间，珠江上外国船舶往来如织，美国的“中国皇后号”、俄罗斯的“希望号”和“涅瓦号”都曾停泊在此。黄埔古港俨然成了中国当时对外通商贸易的重要窗口，也是当时广州对外交流的一张名片。

英国人威廉·希克1769年来到广州，他感叹道："珠江上船舶运行忙碌的情景就像伦敦桥下的泰晤士河。不同的是，河面的帆船形式不一，还有大帆船。在外国人眼里，再没有比排列在珠江上长达几里的帆船更为壮观的了。"

如今的黄埔村，宽阔的麻石街两边商店林立，行人摩肩接踵，渡船在摆渡人的吆喝下迎来送往，只是树荫下的古港已不复当年车水马龙的景象。经历贾商云集、热闹非凡的鼎盛后，现在的黄埔古港有了一份随历史沉淀下来的淳朴和淡然。

∧ 黄埔古港码头遗址（莫伟浓摄）

孙中山“南方大港”梦未圆

据《广州港志》记载，鸦片战争后，广州对外贸易的首要地位被取代，黄埔港逐渐失去中国第一大港的地位，码头也由于逐年淤塞而被弃用。清同治年间，黄埔港迁至长洲岛，但仍沿用“黄埔”之名。

辛亥革命后，孙中山萌生在广州重建大港的雄韬伟略。他在《建国方略》中提出建设“南方大港”计划。在他心目中，“南方大港”应选址在与长洲岛隔江相望的珠江北岸（今鱼珠附近）。如此一来，“广州将必恢复其昔时之重要矣”。

但当时军阀割据、积贫积弱的现实，使现代化基建根本无法提上国家的议事日程。直至1925年病逝，孙中山也未能实现他的“南方大港梦”。1938年，黄埔开埠督办在南海神庙上游6公里鱼珠码头东侧，建设了可泊2艘万吨级船舶的深水码头和仓库，史称“黄埔新埠”（今黄埔旧港港区雏形）。但随着广州沦陷，沿海及内河航运更趋萎缩。1949年10月广州解放之时，黄埔港甚至没有一个统一的港口管理机构。

现代古港蝶变转型升级

1950 年 10 月，黄埔港复港，并进行了大规模扩建。1959 年 9 月 15 日，载重 1.3 万吨的波兰“捷尔仁斯基号”远洋货轮驶进黄埔港，这是黄埔港首次停泊万吨级巨轮。1960 年 2 月，中国自行设计施工的深水码头第一个万吨级泊位在此投入使用。

改革开放后，黄埔重新成为外资进入中国市场的“桥头堡”，助推了黄埔港新一轮的腾飞。

如今，黄埔港按照国际航运中心的总体规划转型升级，逐步退出了煤、矿等粗放型货类的运输，主营业务是集装箱、钢材和其他清洁货类的运输。目前，黄埔港是华南地区最大的钢材接卸港之一和设备进出口主要口岸，也是广州和临港企业成本最低的物流通道。

在广州港口重心逐渐南移至南沙港之时，历经千年的黄埔港仍然举足轻重，不可或缺。据广州港集团黄埔港务分公司负责人夏世杰介绍，黄埔港拥有一个灵活实用的货运转运体系。如“穿梭巴士”就是使用中小型驳船，通过广东发达的水系，如同行走在毛细血管中一般，将香港、深圳、广州等大型港口运来的集装箱迅速地运往珠三角各地。黄埔港港区内设有铁路专用线，与京广、广深铁路相连，“水铁联运”业务通往全国乃至世界各地。

黄埔港北侧，黄埔老港作业区配套物资仓已经被改造成了 250 米的黄埔地标建筑——广州国际港航中心（一期）。站在港航中心 46 层环眺，蓝天白云下，江面浮光跃金、百舸争流，珠江北岸摩天大楼鳞次栉比，西边 10 公里之外的珠江新城也清晰可见。

黄埔港一直是当之无愧的“南方大港”：因航道水深、码头纵深上的局限，在广州建设国际航运枢纽的蓝图上，黄埔港的“内涵”持续扩容——协同南沙、服务港澳、面向世界，进一步发展中高端航运服务业，打造航运数字港，推动广州港成为世界级航运枢纽。一批地标级高档写字楼和企业总部，特别是航运服务重点企业将在这里聚集。黄埔港在下一步的转型升级中，将继续走好“港城融合”之路：航运新兴业态入驻，城市更新加速，成为航运服务业集聚区、粤港澳大湾区现代服务创新区和新兴的广州第二 CBD（中央商务区）。

未来，黄埔千年古港将经历一场更高层次的升级——从有形港到无形港，从工业港到文化港，从传统港到智能港。与此同时，它将与黄埔区乃至广州市更深地融为一体：城因港兴，港因城旺，相得益彰。在珠江东岸黄金 10 公里岸线上，一个全新的黄埔大港正蓄势待发。

^ 广州港黄埔港区（黎旭阳摄）

港口三度入选『羊城八景』

第二章·第三节

黄埔港，曾四易其址。其始建于晋代，位于今黄埔区庙头村一带；明代转移到黄埔洲与琶洲一带水域，港口位于今海珠区黄埔村一带；清同治年间转移到长洲岛北岸；1938 年在今黄埔区鱼珠附近兴建新港码头，被称为“黄埔新埠”，即今天的黄埔旧港港区。

虽然四易其址，但与黄埔港相关的美景曾三度入选“羊城八景”。

第一次是在宋朝。在南海神庙西南角，有一处名为章丘的山岗，沿着古树遮蔽下的绿荫拾级而上，便来到浴日亭。古时这里三面环水，若是拂晓时分登临此处，待红霞初现时，便可见万顷碧波染金光，红日从海上冉冉升起，称“扶胥浴日”。

北宋绍圣初年（1094 年），苏东坡被贬至岭南惠州途中，慕名前往南海神庙游览，挥毫写下《浴日亭（在南海庙前）》一诗，后人将该诗刻成石碑立于亭中。有了苏轼的“代言”，浴日亭声名远扬。

苏轼之后，杨万里、汤显祖、刘克庄、陈恭尹、湛若水等文人墨客都曾慕名前往南海神庙，赋诗唱和。根据广州博物馆研究员陈鸿钧研究，与苏东坡于南海神庙赋诗唱和的诗文不下百余首。

“扶胥浴日”被评为宋代“羊城八景”之首，带动南海神庙成为旅游胜地。宋代诗人杨万里在《题南海东庙》一诗中说：“大海更在小海东，西庙不如东庙雄。南来若不到东庙，西京未睹建章宫。”东庙即南海神庙，建章宫为汉代长安城的主要宫殿，诗人将东庙与建章宫相提并论，可见南海神庙当时的繁华景象。

第二次是元代。元代承宋代之盛，“扶胥浴日”再次被列为“羊城八景”之首。

第三次是1986年。改革开放后，黄埔港迎来新一轮腾飞，江

∧ 区广安《扶胥浴日》[现代绘《历代羊城八景·元代卷》，广州艺术博物院（广州美术馆）藏]

上巨轮穿梭，现代化新城拔地而起。远洋巨轮往来不绝、帆樯如云的景象，令“黄埔云樯”在1986年被评为“羊城八景”之一。

第三章 千年蕃坊文化交融

文一倪明

海上丝路帆影幢幢，千年蕃坊文化交融。

你可知道广交会的古代源头在哪里？若站在古代广州的渡口，便可见一幅中外商业与文化交流的盛景：望向城外，江面舳舻相接，商船不远万里，漂洋过海而来；视线转向城内，珠玑、丝绸、陶瓷、茶叶、香料在市场上堆积如山，来自世界各地的商人、使者穿行不息，热闹非凡。

作为古代海上丝绸之路的起点之一，广州早在唐代就在今光塔路一带设置了专供外国人（主要是阿拉伯人和波斯人）侨居的社区——蕃坊。它见证了1000多年来的中外海上贸易和文化交流、多民族共融繁衍的历史，展现了和平合作、开放包容、互学互鉴、互利共赢的丝路精神。

唐代广州设蕃坊

第三章·第一节

古代阿曼航海家远航广州

隋末唐初，著名的“广州通海夷道”开始形成，该航线经过南海、印度洋、波斯湾和东非沿岸诸古国，航程近百天，是当时世界上最长的国际航线。唐朝中期以后，由于战乱及经济重心转移等，海上丝绸之路取代陆路成为中外贸易交流的主通道，广州由此成为东方第一大贸易港。史载，当时停泊在广州港的外国商船“种类极多”“大舶参天”“万舶争先”，一派兴旺景象。

在唐代，西澳码头（今大德路和海珠中路交界之处）是广州最大的内港。朝廷向广州派遣了专门管理外贸的官员——市舶使，市舶使驻地在今越秀区北京路北端附近。城南沿江的商业码头是最繁华的商业区（今大南路一带），人烟稠密，商铺成片，接待外宾的市舶使院（海阳馆）也在这里。

公元 8 世纪中叶，阿曼著名航海家艾布·欧贝德·卡塞姆驾着双桅三帆木船“苏哈尔号”抵达广州，为中国带来亚麻、毛毯、金属制品以及阿曼特产乳香。著名的《一千零一夜》中那篇脍炙人口的《辛伯达航海旅行记》，便取材于欧贝德的这段经历。那时，众多船只从位于今广州黄埔的扶胥古港出发，经过南海、马六甲海峡、印度洋、波斯湾、红海等海域，陆续抵达东南亚、南亚、西亚、欧洲、非洲，沿路销售中国的丝绸、瓷器、茶叶，同时把沿途的特产（象牙、宝石、香料等）运来中国。

唐代，人们驾驶的是木帆船，如要进出广州的港口，最有利的航行安排是冬天借助东北信风离开广州港，春夏则凭借西南季风进港，从广州至阿拉伯地区，单程大约需要航行百日。不过，来往于广州与阿拉伯之间的商舶，为了补充给养、等候季风等，一般需要两年才能往返一次，所谓“诸蕃国之入中国，一岁可以往返，唯大食必二年而后可”，这就使得来广州贸易的大食商人必然要在中国逗留一段时间，史称“住唐”。随着蕃客（当时对外商的称呼）越来越多，广州城南面积有限，为安置外商，官府遂在城西坡山一带选址，特设蕃坊。

“史志记载对设置蕃坊的准确年份不明确，致后世有多种说法，这是一个持续数十年乃至百余年的过程。”本地学者冯沛祖说。蕃坊范围大概在今广州中山路以南、人民路以东、大德路以北、解放路以西一带，以光塔街、五仙观及其附近为中心。朝廷之所以将蕃坊设在这里，一是出于中外大型商船驻港停泊的考虑；二是到了唐朝，随着珠江岸线的不断后退，坡山一带的淤积滩地不断扩大，能容纳更多的人聚居。

∧ 广州海事博物馆内绘画展示海上丝路的繁荣（莫伟浓摄）

蛮声喧夜市，海色浸潮台

在 2023 年举办的越秀区“海丝”文化节上，一个模拟“蕃坊”现身“坡山古渡”（今五仙观所在）：夜幕下，身穿汉服的游客穿梭在红黄相间的纸灯笼间，木桌上摆着茶叶、葡萄酒、香薰等特色产品，这一场景让人仿佛回到了千年前繁华的“大市街”。

与当时其他城市一样，唐代的广州城实行的是“里坊制”，居民区和商业区严格分开，居民区被分为一个个“坊”，每个“坊”四面都砌有高高的坊墙，天一黑，就关上坊门，实行宵禁。与其他城市不同的是，广州城允许蕃商列肆而市，城府洞开，贸易自由。根据唐代诗人张籍的诗作“蛮声喧夜市，海色浸潮台”，可知这里还出现了夜市。

蕃坊有多热闹？汉学家谢弗教授在《唐代的外来文明》中写道：“每当午时的鼓声敲响时，居住在广州的各种肤色的外国人以及来自唐朝境内各地的汉人，都被召唤到了大市场上，他们或在店邸中密谋策划，或在商舶上讨价还价，进行紧张的贸易活动。而每当落日时分的鼓声敲响时，他们又都各自散去，返回自己的居住区。有时，他们偶尔也到夜市去，操着异国腔调大声讲价钱。”

据现代史学家张星烺考证，从唐开元年间开始，来往广州港贸易的外国客商每年达 80 多万人次，其中以阿拉伯商人居多。

那时的蕃坊，有白皮肤高鼻子的西亚人，有裹着头巾的南亚人，还有肤色黝黑的非洲人，空气里充满了奶酪、蜂蜜、麝香和胡椒混杂的气味。原本，聚集在广州的蕃客以南亚人居多，波斯和大食蕃客逐渐后来居上，不少人还带有家眷。蕃坊逐渐发展成为唐代广州城外最大、最繁华的商业中心。

随着双方商贸往来的不断加强，文化的碰撞和交融更加广泛，来中国居住的阿拉伯人越来越多。阿拉伯人李彦升幼年随长辈的商船队来到广州经商，爱上了中国文化，学识丰富，甚至于唐大中二年（848 年）高中进士，成为中国历史上第一位阿拉伯人进士，遂成一段美谈佳话。

^ 接待外商——广州海事博物馆内绘画（王维宣摄）

两宋蕃坊纳入城

第三章·第二节

市舶司被认为是“近代海关的前身”

到了宋代，大量外商来广州贸易，使得广州城市规模不断扩大。两宋时期，广州先后重修南汉子城，增筑东城与西城，扩建雁翅城，形成三城并列之势，史称“宋三城”。南城墙分布着五座城门，其中一个命名为“航海门”。航海门位于南城墙东段、西湖南段“出海”（珠江）口西侧，约在今书坊街和大南路相交处西侧。

宋代对海舶之利更加重视。971 年，广州率先设立市舶司。这是主管海外贸易的专职机构，被认为是“近代海关的前身”。朝廷除了要求市舶司“掌蕃货、海舶、征榷、贸易之事”外，还要求地方官员对到来的商人热情迎送。海舶初到之时有“阅货宴”，船舶停靠港口期间，官方提供酒食，在外国商船返航前，官方还要设宴饯行，设宴还有指定地点，就在海山楼（今北京路和大南路交界处，元代毁于战火）。那时，站在海山楼上凭栏远望，就会见到数不清的商船在江上往来穿梭，甚是壮观。正如南宋岭南名臣李昴英所言“万宝集登天子库，诸蛮遮泣海山楼”。

宋代，蕃坊被纳入城内，商业达到前所未有的繁荣。据阿拉伯学者的统计，当年蕃坊居民达 20 万人。

北宋时，西澳一带仍是外商运货船只云集之地。每逢大风大浪之时，船只并无避风内濠。因此，官府决定在这里开掘一条濠涌，让中外商船遇风浪时可驶入停泊避风，同时还可让船只更加靠近蕃坊的市集，一举两得。

北宋景德二年（1005 年），广州知州高绅主持开挖南北走向的南濠，南达西澳码头。当时城中 4 条大渠的水流入南濠，官府在南通珠江的濠口处建起可控制水流的巨闸。此后，官府又多次疏浚南濠，方便船只通行。南濠两岸也成了商业旺地，濠边还广植榕树，建有石栏、亭榭，景色优美。靠近南濠的城门即被称为“阜财门”及“善利门”，直言发财之事，印证了当时商贸的繁华。

蕃长被朝廷加封“大将军”

蕃坊管理者称为蕃长，从蕃坊居民中选任。担任蕃长，要具备一些条件，会招商引资是重中之重。北宋太祖开宝九年（976 年），广州蕃长发出招商信件，大食国王派大商人蒲希密远渡重洋，来到广州。蒲希密父子先后与北宋三位皇帝打过交道，经营有道，富甲一方。今光塔街普宁里，原名蒲宜人巷（意为姓蒲的夷人），是为见证。在广州博物馆镇海楼展区三楼内陈列了一块“蒲氏家族墓碑”，上面记录了阿拉伯蒲氏家族由宋至清在华的生活情况。如今，广州珠江村还保留着一座蒲氏宗祠。

来自阿曼苏丹国的辛押陀罗在广州的故事更富传奇色彩。据文献记载，北宋熙宁年间，长住广州的辛押陀罗做了几十年外贸生意，挣下了“数百万缗”财产。他毛遂自荐，称“愿自比内臣”，果然被朝廷任命为“蕃长”，宋神宗同时加封他为“归德大将军”，还让大文豪苏东坡写了一篇《辛押陀罗归德将军敕》以奖励他作出的贡献。“一缗”即一贯铜钱（一千文），“数百万缗”即几百万串铜钱。南宋，整个朝廷经由外贸而获得的年收入最高仅为300多万缗，可见辛押陀罗的生意做得着实很大。他被加封为“归德大将军”，也可见朝廷对海外贸易的看重。有趣的是，宋代制香之方中还有以他名字命名的香方——辛押陀罗亚悉香。

除了自己生意做得大，擅长招商引资，蕃长要想干得好，还得热心公益。宋朝鼓励海外贸易，使聚集在广州的外商也越来越多；一方面，他们热切渴慕学习中华文化，另一方面，他们也希望孩子们不要忘了其故土乡音。

北宋，广州第一家专门招收外商子弟的国际学校（当时称为“蕃学”）正式“开张”。蕃学就设在广府学宫内，既教授中华文化，也有以诸外商本国语言开设的课程，堪称世界上第一所双语教学的国际学校。这所国际学校之所以能够建成，蕃长辛押陀罗出了不少力。据史料记载，他先捐资建成课室与宿舍，接着又捐赠田产，使学校可以依赖田租收入维持运营。

明清蕃坊渐离江

第三章·第三节

“定期市”为广交会最早雏形

明清时期，广州海外贸易的地位越来越重要，三度成为“一口通商”的城市。明代，珠江江岸线继续南退，光塔路一带的蕃坊逐渐远离珠江，蕃客大量减少。沿江地带淤积了大片滩涂地，淤积的新地很快成为开展商业贸易活动的场所，很多管理与服务机构如河泊所、五羊驿、税课司、批验所、市舶司等都在此区域兴建。明朝后期，广州每年都会定期举行市集贸易（故称“定期市”），当时贸易的地点就在海珠岛一带，又名海珠石（现已经掩埋在沿江西路与长堤一横路交会处附近一带地下）。虽然贸易的场地不大，生意却红火，海外商人在这里可以直接与中国商人交易，这一模式也被看作是“广交会”的雏形。

清代中后期，今光塔街一带成了驻粤八旗兵的“旗境”，“马厂巷”“营房巷”“从家巷”“王姓巷”“和义巷”都是清代满族人聚居地。虽然往昔蕃坊的繁华不再，但中外贸易和文化交流、多民族共融繁衍的故事仍在这片土地上延续。

丝路精神代代传

光塔塔顶曾立金鸡守望航船

沿着光塔路一直往前走，要不了几分钟，就能走到千年清真古寺——怀圣寺。一座通体银白的近 40 米的高塔直冲云霄，这就是光塔，也是广州“海丝”申遗史迹点之一。

“光塔是照亮海上丝绸之路的灯塔。以前从波斯或阿拉伯来贸易的商船，看到光塔，就知道到广州了。”广州市越秀区光塔街工作人员介绍，光塔街因辖内有怀圣寺光塔而得名。

光塔既是怀圣寺的呼礼塔，也是为远洋商船提供导航的灯塔。唐宋时期，从西亚各港口出发的阿拉伯商船一路往东，穿过波斯湾，越过马六甲海峡，路过苏门答腊群岛，进入南海，最终抵达广州，呈现出“蕃国岁来互市，奇珠玳瑁，异香文犀，皆浮海舶以来”的场景。当商船驶入珠江，遥遥看见银白高耸的光塔，外商就会长吁一口气：“终于到了。”

如今的光塔塔顶是火炬形的，但最早塔顶上有一只金鸡。这只金鸡可不是只用来作装饰的，还是一只“风信鸡”，用来测风向。南宋诗人方信孺到塔下一游后，曾写下了“绝顶五更铃共语，金鸡风转片帆归”的诗句。金鸡随着风势而转，有经验的水手仰头一看，就知道能不能远航了。在没有科学天气预报的年代，这只金鸡就是风向预报专家。

由于金鸡过于贵重，到了南宋年间，居然被小偷给盯上了。在岳飞孙子岳珂所著的笔记《桯史》中有这么一段有趣的故事：某个梁上君子为了将金鸡偷到手，居然在附近潜伏了三天三夜，终于找到一个机会偷偷登上塔顶，奈何金鸡太重，只能拿下一条腿。随后，这位梁上君子撑开绑在一起的两把大伞，趁着起大风时，安然飘到地面。不过，他的发财梦还没圆，就被官方查出了行踪。

当时水面宽阔，珠江上常起飓风。到了明代洪武年间，金鸡被飓风吹落，就换了一只铜铸的；后来铜鸡又坠于飓风，就换上了铜葫芦；到了清代，铜葫芦又被风吹了下来。到了 20 世纪 30 年代，光塔经重新修缮，才改成了今天的火炬形塔顶。

时移世易，珠江航道南移，光塔不再有导航功能，但其历史意义却随着时间凸显。它是古塔，亦是丰碑。作为中外交流的历史见证，光塔仍是海上丝绸之路的地标。

多民族融合，美善共生

时光荏苒，珠江水岸一年年南移，古码头渐渐变成市井，如云的蕃舶变成呼啸而过的车马。光塔下的芸芸众生改变了装束与语言，却没有改变热爱生活的心。虽然 1000 多年过去了，但在光塔路上人们仍能看到当年蕃坊的韵味和遗迹。这里的清真食肆、店铺比别处多，店铺里的烤羊肉香气飘出时，常引人驻足。

光塔街像一座没有围墙的多民族文化“博物馆”，丰富的多民族文化元素遍布大街小巷。玛瑙巷的牌坊颇具民族特色，居民楼外墙上是一幅大型壁画：蔚蓝色的海面上帆船驶过，不远处就是灯塔。壁画下摆放着白色船形长凳，成为居民的休息场所。走进进步里，一墙红色浮雕再现了盛唐时期蕃坊商贸繁荣和人们安居乐业的景象。进步里街坊马孝东说，200 多年前，辽宁铁岭马氏先人随镶黄旗官兵前往广州驻防，在清兵驻营地附近（今光塔街一带）开枝散叶。

光塔街辖区居住有回、满、瑶、壮、土家、侗、黎、苗、藏、布依、畲、毛南、朝鲜、东乡、哈尼、维吾尔、彝、俄罗斯、白、锡伯、土、蒙古、撒拉、仡佬、达斡尔、傣等 28 个民族的同胞，是目前广州市少数民族居民最集中、民族成分最多的街区。“融各民族之优，和百家之长”，回民小学校园内的几个大字特别引人注目。作为广东省唯一的回民子弟小学，学校目前共有 15 个民族近 1900 名师生，其中少数民族学生占比超四分之一。学校的烹饪课上，学生们制作的传统民族美食让人垂涎不已；学校文化广场上展示的学生手作充满了民族风情；学校举行国庆游园等活动时，学生们会穿上民族特色服饰，表演民族歌舞和武术……据回民小学校长吴小兰介绍，“融和互惠，美善共生”是回民小学的办学理念，回民小学开展多维民族团结教育特色文化活动，积极探索民族“融和教育”的新样态。

昔日光塔街见证了中外海上贸易和文化交流，见证了海上丝绸之路的繁荣兴盛。如今每年的春、秋时节，五洲四海的客商在广交会觅商机、寻合作。来自世界各地的客商都通过广交会平台实现了与中国企业密切的贸易往来。不少来参会的外国友人会走访“海丝”史迹——怀圣寺光塔、清真先贤古墓等。

透过他们的身影，仿佛可以看到 1000 多年前蕃商来广州的场景。在厚重历史人文底蕴的衬托下，丝路精神传承不息。

∧ 光塔（苏俊杰摄）

寻访光塔街辖内大小街巷名，是对古广州贸易繁华的最好追忆。据马逢达《广州蕃坊考》一书，这些街巷名计有：

●甜水巷（古名）— 甜水巷（今名）— 中国山岗（阿拉伯语语义）

●朝天街（古名）— 朝天路（今名）— 朝天房（阿拉伯语语义或称呼）

●大市街（古名）— 惠福西路（东段）（今名）— 大食街（“大食 ”为古人对阿拉伯地区的称呼）

●诗书街（古名）— 诗书路（今名）— 狮子（阿拉伯语音译）

●光塔街（古名）— 光塔路（今名）— 大食巷（见“大食”之语义）

●仙羊街（古名）— 海珠中路（今名）— 送别巷（阿拉伯语语义）

●玛瑙巷（古名）— 玛瑙巷（今名）— 大食、波斯人卖珍珠玛瑙之地（阿拉伯语语义）

●擢甲里（古名）— 擢甲里（今名）— 小巷（阿拉伯语语义）

●玳瑁巷（古名）—（今无）— 装饰物

●蒲宜人巷（古名）— 普宁巷（今名）— 蒲氏宜（夷）

人居地（蕴含蕃坊印记）

怀圣寺光塔：原名“番塔”，“其制则西域”，属典型的阿拉伯建筑风格。宋元之际一度被称为“怀圣塔”，岳珂的《桯史》则称“窣堵坡”。清代以后普遍被人呼为“光塔”。

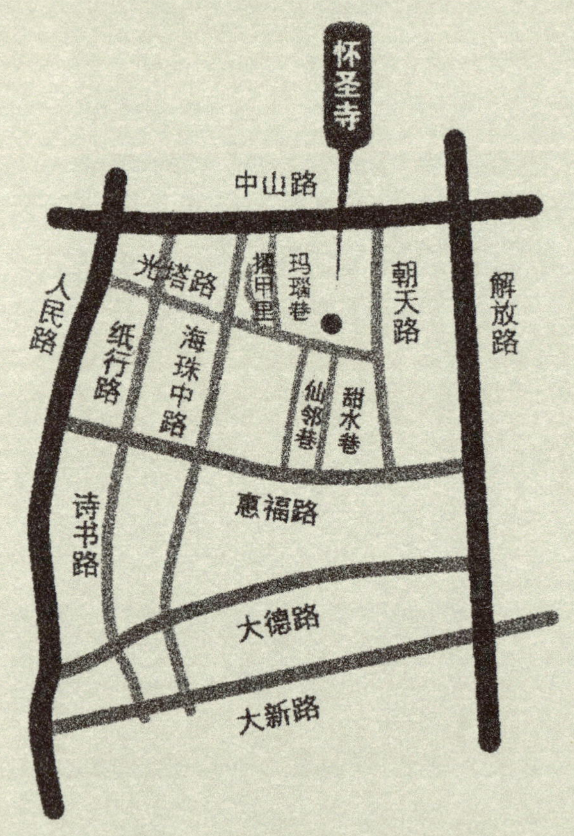

^ 海珠中路附近街巷名一览（涂晓彬制图）

第四章 银钱堆满十三行

文一倪明

中国贸易走向全球，从清代十三行出发。

“洋船争出是官商，十字门开向二洋。五丝八丝广缎好，银钱堆满十三行。”清初诗人屈大均的这首《广州竹枝词》，描写了清初珠江口外贸繁荣的景象。

1757年，清廷限定“一口通商”，使得广州成为当时闻名世界的国际贸易大都市。在当时的西方人眼中，“十三行”“广州”“中国”，几乎互为代名词。“一口通商”的广州也成为清朝时期东西方经济文化交流的一扇“南风窗”，而管理中西贸易的十三行商人，在海外贸易中曾经叱咤风云。

十三行是怎么来的？

第四章·第一节

1745 年，隶属瑞典东印度公司的“哥德堡Ⅰ号”商船满载着瓷器、茶叶、丝绸等中国货物，从它停泊了 3 次的黄埔古港离开。8 个月后，商船即将回到哥德堡港，却在离港口大约 900 米的海面触礁沉没了。人们疯狂打捞漂浮在海上的部分货物，他们在市场上拍卖这些货物后，所得款项竟然能够支付“哥德堡Ⅰ号”此次广州之旅的全部成本，甚至还多获利 14%。

当时，在西方人眼里中国是“丝国”“瓷国”与“茶国”，其无数精美的工艺品呈现出博大精深的文化。每年有上百艘外国商船，通过漫长的水路进入中国南海海域，然后沿着珠江北上，到达当时被称为“东方帝国南大门”的广州，在十三行商馆进行贸易。

行商，是指由清政府所特许的专门经营对外贸易的商人。那么，何谓十三行？史学家和经济学者对“十三行”的来源、得名，至今尚未有定论。其中，最主要的一种观点认为“十三行”是地名，其依据不仅是广州有十三行路，而且考证到十三行的地名早在明朝便有。还有一种说法认为十三行乃商馆之数，不过“十三行”的行商数量是随着不同时期贸易的变化而增减，并非恒数。也有专家将“十三行”解读为一种外贸制度，十三行是“沿明之习”，包括“劳以牛酒”“牙行主之”“居停‘十三行’”等，是沿袭明代以牙行主持海上贸易的惯例。

根据《广州十三行历史人文资源调研报告》，清代十三行区域为东至西濠（现仁济路一带），南临珠江，西界联兴街（现联兴路），北达十三行路（现广州文化公园北门外）。

17 世纪后期，清康熙帝平定三藩、出兵台湾实现国家统一后，审时度势，为了振兴沿海地区长期凋敝的经济，决心施行开海通商政策。

清康熙二十四年（1685 年），清政府设立粤、闽、浙、江四海关，其中粤海关业务量最大。但当时商人经营华、洋贸易时并未做区分，也没有专营外贸的商行。粤海关通商初期，西方大船到来时，官员常常手忙脚乱，以致洋船被堵在港外，迟迟不能进行贸易。1686 年春，即粤海关开关的第二年，广东官府终于找到了一个解决方法——两广总督吴兴祚、广东巡抚李士祯和粤海关监督宜尔格图共同商议，将国家税收分住税和行税两类，住税是对本省内陆交易一切落地货物征的税，由税课司

^ 广州港全景图　油画［广东省博物馆（广州鲁迅纪念馆）藏］

征收，称“金丝行”；行税是对外洋贩来货物及出海贸易货物征的税，由粤海关征收。为了规范贸易和保证税收，广东官府、粤海关公开招募较有实力的商家，指定他们与洋船上的外商做生意，同时代海关征缴关税。后来行商家数变动不定，但“十三行”成为商人团队约定俗成的称谓。

到清乾隆二十二年（1757 年），乾隆在紫禁城下旨：口岸定于广东，洋船只准在广东收泊贸易。于是，广州成了清代对外贸易中心。

十三行有多繁华？

第四章·第二节

航线向全世界延伸

在“四口通商”时期，广州的对外贸易在全国一直居于首位。而“一口通商”“外洋商贩，悉聚于广州一口”，让广州成了全国唯一的对欧美通商的口岸。广州通向世界的航线日益发展，除明朝已经通行的至印度洋、南洋、日本、欧洲航线外，还增加了通过好望角至北美、大洋洲、俄罗斯等地的不同航线。

地处珠江要塞、隶属粤海关的黄埔挂号口一枝独秀。清政府规定，凡外国商船进入广州贸易，均须停泊黄埔古港，在税馆缴完关税后再由中国的领航员带商船入港，办理卸转货物等手续，然后货物才能进入十三行进行交易。

从欧洲、美洲、东南亚等地驶来的船舶都停泊在黄埔古港，形成“夷舟蚁泊”的奇观。据明清经济史专家黄启臣研究，清康熙二十四年（1685 年）至清乾隆二十二年（1757 年），西方国家来到中国的江、浙、闽、粤四海关贸易的商船共有 312 艘，其中到黄埔古港者为 279 艘。据《黄埔港史》记载，1758 年至 1837 年这 80 年间，停泊在黄埔古港的外国商船共计 5107 艘。

1784 年，黄埔古港又迎来了一艘大船，它是从美国开来的“中国皇后号”，这也是美国开来的第一艘商船。“中国皇后号”带来了西洋参、棉花，装回了茶叶、丝织品、瓷器。在它返航的那天，买办将一些荔枝干、标有日期的南京布和几篮橙子送到船上，寓意商船返航顺风顺水。美国报纸称这次航行是“美国商业史上的一个里程碑”。商船还没回到美国的港口，就早早有人在码头等候，抢购这批盼望已久的中国货，就连华盛顿总统也派人抢购了 302 件瓷器及精美象牙扇。

“一口通商”的广州成为清朝开关后西方商船首选的“黄金口岸”，当年来广州的外国商人非常踊跃，除俄国商队要跨越西伯利亚到中国北方边境恰克图贸易、葡萄牙商船在澳门贸易外，参加对华朝贡贸易的周边国家以及欧美各国，包括荷兰、西班牙、英国、法国、瑞典、丹麦、比利时、普鲁士、美国、秘鲁等国，都在广州十三行商馆进行贸易。这些国家和地区在亚洲的商贸活动几乎都以广州为中心展开，从这里将丝绸、瓷器、茶叶、土布类等中国商品输送到世界各地，又将毛织品、棉花、金属、香料等世界各地商品运送到广州。他们甚至以广州为中转站，进行对日本等国的转口贸易。可以说，广州已成为当时远东国际贸易的中心城市。

在德国柏林钱币博物馆，有一枚银币，正面是普鲁士国王头像，背面是一位穿清朝服装的广州商人形象，商人身后还放着一箱茶叶。这是清乾隆十七年（1752 年）皇家普鲁士亚洲公司为首次远航广州的普鲁士商船打造的纪念币，是欧洲唯一有清朝人形象的纪念币。广州大学十三行研究中心主任王元林教授称“十三行奠定了广州在外国人心目中古代帆船贸易时代大港的地位”。在国外，人们对广州的英文称呼更广泛使用的是“Canton”，而“Canton”的说法流传开来，也正是源于这个时期。当时海外多个地方都有“Canton”，比如，美国马萨诸塞州的 Canton 市、乔治亚州的 Canton 县等，俄亥俄州东北部的“Canton”则是美国最大的“广州”城。

^ 清代十三行人物图　通草水彩画（广州十三行博物馆藏）

十三行商人的财富密码

在财富不断积累的过程中，朝廷也从广州得到巨大收益。从清道光元年（1821年）到道光十七年（1837年），清廷每年在广州收到的150多万两白银税收。洋行还要为皇帝输送象牙、珐琅、鼻烟、钟表、玻璃器、金银器等洋货。在1738年的贸易清单中，102件贡品中有88件是新奇的洋货。1754年，北京故宫建养心殿，需要南洋的贵重木料，广东为其进口56400斤。1708年，康熙突患重病，喝了洋御医罗德配的红葡萄酒后，心跳很快恢复正常。以后每当洋船入港，康熙就询问是否有葡萄酒，如果有就要求火速运京。于是，全世界的葡萄酒汇聚广州，京广之间形成一条葡萄酒“热线”。1758年，乾隆在一道谕旨中指示“买办洋钟表、西洋金珠，奇异陈设或新鲜器物”“皆可不必惜费”。

当时，广州行商制度是相当严格的。外商一到广州，必须首先投行，若不投行，其所带来的货物便不得销售，欲购商品亦无法采办。投行后，外商就得居住在行商所设立的夷馆(即商馆)内，其商务活动即在馆内进行。

十三行行商代表清政府对外商进行管理，并拥有茶、丝、棉布等特许商品经营权。除了行商之外，还有行外商人在十三行一带从事非特许商品贸易。十三行的行商与一般商人不同，他们带有强烈的官方色彩，因此为了体现对行商的尊敬，人们均不叫某某“商人”或某某“行主”，称呼时往往会在其姓氏后加上一个“官”字。行商各自的“大号”乃分别与“官”字连起来，如伍绍荣被称为“伍浩官”、卢继光被称为“卢茂官”、潘绍荣被称为“潘正官”、马佐良被称为“马秀官”等。行商为了自身的利益，还联合成立了共同组织，即公行。公行后来实行总商制，伍浩官和卢茂官还曾被清廷任命为总商。

在十三行鼎盛时期，行商中以潘、卢、伍、叶四大家族为最。乾隆九年（1744年），时年30岁的潘振承开设了同文行。潘振承精通多门外语，善于创造商机和把握机会。当时，英国商人运往中国的货物中有大量的毛织品，但在盛产丝绸棉缎的中国却难以找到市场。潘振承主动向英国商人承诺，愿意长期包销其中四分之一至一半的货物，同时要求英国商人按同样比例包销自己商行的生丝和茶叶。英国商人为了保证毛织品的销路，加上本身也有采购生丝和茶叶的需求，很快就答应了潘振承的要求。如此一来，潘振承逐渐垄断了与英国的生丝和茶叶贸易，同文行甚至开始接受英国商人的伦敦汇票。潘振承在洋商中拥有很高的威望，人们纷纷尊称他为“潘启官”。在当时的欧洲，只要贴有“同文行”字样的茶叶就是品质的象征，就可以卖出高价。

十三行商人到底有多富足？按当时人们的说法，潘、伍、卢、叶等家族富可敌国。清道光二年（1822年），一场大火让十三行一带街巷付之一炬。浩劫过后，满目灰烬中出现了一条蜿蜒一公里的“银河”，那是各家行商、洋行、夷馆的银锭和银币在大火中融化后汇聚而成的。

中西文化交流桥头堡

十三行与世界的关联，不仅在于贸易。十三行可以说是东西半球在政治、经济、文化、宗教、科技、语言、艺术、法律等领域首次全方位交融的地方。

十三行为世界经济制度的发展还带来积极影响。十三行有一条保商制度，即由行商担保外国商船来华诸多事务，负有担保等诸多责任，且不得欠外商债务。一旦行商因欠洋商债务而破产，其他行商要负责摊赔。学者王元林表示这种“连坐”担保制度，后来成为美国银行业存款保险制度的重要借鉴。

此外，十三行也成为中外文化交流的桥头堡，中国的瓷器、外销画及民间工艺品都从这里出口。十三行商人在海珠、西关一带兴建规模宏大、雍容华丽的私家园林，包括潘家花园、海山仙馆在内的众多名园，被称为“行商庭园”。它们不仅是岭南园林的巅峰之作，还引发了清朝时期欧洲各国模仿中国式园林的盛况。外商们经常到行商庭院聚首，中外画家对园林精心描绘，并向全世界发行风景外销画，让广东园林漂洋过海，声名远播。1742—1744 年，英国建筑家钱伯斯曾两次来到广州考察庭园建筑。钱伯斯将中国建筑设计风格带到了欧洲，极大地影响了 18 世纪西方建筑中国风格的发展，使中国式园林在欧洲风靡了近百年。

与来华外国人的深度接触，令十三行行商成为中国“开眼看世界”的人。鸦片战争期间，十三行商人率先捐资引进西方先进技术，提升广东水师的装备；潘仕成高薪聘请美国海军军官仿制出中国最早的近代化水雷——攻船水雷；郑崇谦是最早传播牛痘法的中国人；伍氏家族则在将西医引入中国方面贡献良多，大力支持中国最早接种牛痘的医院种牛痘局和彼得·伯驾的眼科医局。可以说，十三行商人是“师夷长技以制夷”的最早实践者，比晚清洋务运动还早了20年。

“一口通商”结束，众粤商转战沪港

在十三行历史上，曾发生过三次很大的火灾，最后的一把火彻底烧掉了十三行。

第一次大火是在1822年，十三行附近一家饼店失火，波及十三行。大火燃烧了两日，多间外国商馆、洋行被烧毁。1842年，十三行遭遇第二次大火。1856年，第二次鸦片战争爆发，十三行商馆再次在大火中化为乌有。

广州“一口通商”时代结束后，大量广州外贸商人转战沪港，形成了上海第一波移民潮。他们带着大笔财富北上，成为上海开埠的先行者。最初的上海洋行买办，“半皆粤人为之”。

百年繁华烟消云散，如今只余十三行路、同文路等街名成为历史的印痕。2016年，广州在清代十三行外国商馆区遗址（今广州文化公园内）建立广州十三行博物馆。广州十三行博物馆馆藏文物超过4800件（套），以“文物＋文献史料”、沙盘、电子动画等方式，展示十三行的历史。

商贸基因融入广州

第四章·第三节

十三行虽已消失在历史长河里，但其留下的商贸精神却刻进了广州的基因，让广州一直走在中国对外贸易交流的前沿。

1951 年，为加强城乡物资流通，广州决定举办一次规模空前的物资交流大会，名为“华南土特产展览交流大会”，在十三行原址上建起了 12 座永久和半永久展馆。这个具有现代主义风格的建筑群也为今后广州文化公园的发展打下了基础。

1952 年，岭南文物宫在华南土特产展览交流大会的会址上成立，成为当时著名的文化活动展览场所。1956 年 1 月，岭南文物宫易名为广州文化公园。

1957 年 4 月 25 日，广州流花路中苏友好大厦一楼锣鼓喧天，第一届中国出口商品交易会在此开幕。

广交会创办的初衷，是为了满足经济建设需要、发展国际贸易、换取外汇。当时，新中国需打开一条连接国际市场的通道，以商品展览会为窗口，展示和交易出口商品。这个展览会的举办城市，既要有对外贸易的基础，还要有独特的区位优势。放眼当时的中国，广州是不二之选：广州对外贸易历史悠久，从区位上看广东临近港澳，对港商来说最为便捷。整个广东唯有广州能承担“广交天下”的历史使命。

第一届广交会成交额即占当年全国创收现汇总额的 20%，为新中国开辟了一条与世界交往的通道，“广交会”的简称很快为世界所熟悉。

自此，广交会于每年春、秋两季定期举行，从未中断。成千上万的中国企业通过广交会成功走向国际市场，出口商品从以初级产品为主转向中国制造、中国“智造”，交易方式从以线下为主转向线上线下融合。

1957—2024 年，68 年间广交会在广州搬了 4 次家，展馆建筑面积由最初的 1.8 万平方米扩大到如今的 110 万平方米。从首届广交会迎来 19 个国家和地区的 1223 名采购商，到后来 215 个国家和地区的约 15 万名采购商参与预注册，广交会大大扩展了“朋友圈”；第一届广交会成交额为 8657 万美元，第 135 届广交会实现线下出口成交 247 亿美元……“中国第一展”成交额已远非当年的十三行可比。

2024 年，广州外贸进出口总值达 1.12 万亿元，连续 4 年突破万亿元。广州，成为“外贸万亿之城”。通过广交会，“广聚天下客、广卖天下货、广货卖天下”成为现实。广州始终是中国面向世界开启的重要窗口，也是加强中外经贸合作的重要桥梁和纽带。

^ 第 133 届广交会航拍（李波摄）

^ 广交会（陈忧子、王燕摄）

第五章 粤商驰骋客天下

文—张忠安

驰骋乾坤客天下，直挂云帆济沧海。

中国商业历史悠久，早在商代和周朝就已经产生，明清之后形成众多商帮，如徽商、晋商、苏商、浙商等。诞生于岭南的粤商，因背山向海的地理优势，在自古长盛不衰的商贸往来中形成了开放包容、敢于冒险、求新求变的精神品质，特别是由于明清广州商贸空前繁盛，粤商以开放的姿态和全球化视野迅速崛起为中国三大商帮之一。

在历史的风云际会中，粤商积累了丰富的文化内涵和优秀的精神品质，历经考验而不衰、千锤百炼而愈强，在今天粤港澳大湾区高质量发展和打造高水平对外开放新格局中奋勇争先。

源起秦汉两千载

第五章·第一节

汉代就有商队从广州出发

中山大学教授黄启臣曾说过，与其他省份和贸易港口相比较，南海之滨的广东省及其省会广州，商业传统历久不衰，从汉代一直延续至今天，这在世界历史上都十分罕见。而延续传统的，就是一代又一代粤商。

何为粤商？虽业界说法不一，但较为公认的是，粤商指广东商人，包括粤籍商人和粤地商人，由广府商帮、潮汕商帮、客家商帮及其余商帮组成。粤商在中国历史悠久，与徽商、晋商同为明清时期的中国三大商帮，又与晋商、徽商、苏商、浙商并称为中国历史上的五大商帮。

岭南背靠五岭，面向浩瀚大海，海岸线漫长、岛礁如链。粤人向海而生，自古重商。据文献记载，汉武帝时期，就有商队从广州出发，远航至今日的斯里兰卡，足见粤人海商历史之悠久。

当时的中原商贾也看中了广州城的造富能力。据《汉书》记载，中原商人不怕山高水远，从内地运来丝织品、金属工具等，换回珠玑、犀角、象牙，甚至波斯银盒、罗马玻璃等奇珍异品。原来，“东西南北中，发财到广东”一说竟有如此古老的渊源。

唐宋时期，广州已是重要的商业港口，各种生意非常兴旺，大量外国商人来这里与粤人做生意，丝绸、茶叶、珠宝等是最受外商欢迎的商品。每年春夏季，风从海上来，一艘艘商船满载香料、象牙、珍珠等外国商品来到广州；秋冬季，北风南吹，满载陶器、丝绸、漆器等中国货的商船又挂帆驶往大洋深处，多数驶向东南亚、波斯湾一带，也有驶往东亚的。据《广州市志》记载，唐大中十年（856 年），广州商人秀英觉、陈太信等人，从广州前往日本，带去了药品、香料等货物，与外国商人进行交易，然后带回了沙金、水银等。可惜当时商人地位低下，历史典籍中没有留下太多关于他们的笔墨，今人更多的只能从当时外商众多这一史实来想象粤人经商繁盛的情景。

粤商跻身三大商帮之列

虽然粤人拥有千年经商的传统，但作为一个以乡土亲缘为纽带，逐鹿中外、称雄一时的商帮，则成型于明代中后期，崛起于清代广州“一口通商”时期。

岭南地区虽靠海，但多山地丘陵，平原较少。明清时期，人口增多，迫于生计，越来越多的粤人脱离自给自足的小农经济，转而做起了生意，如开个小店卖些农产品、中草药，开个作坊生产一些手工艺品，或者当个小商贩。明末清初学者屈大均说，广州当时“人多务贾与时逐”。也有人远走他乡，足迹遍布全国各地，并在当地建起了广东会馆、岭南会馆、粤东会馆等，方便粤商在当地落脚、聚会和洽谈生意。今天苏州、扬州等地还有明代广东会馆旧址。

清代，大批广府人出洋谋生，诞生了一批蜚声海内外的粤商。19 世纪初，广州黄埔村人胡宏根、胡宏善两兄弟南下新加坡开设黄埔公司，经营牛肉、蔬菜等，供应给军舰、商船及市民。1830 年，15 岁的胡宏根之子胡璇泽从广州前往新加坡。他在新加坡刻苦学习英语，同时见习经商。在继承父业后，他锐意经营，令黄埔公司成了当地海军唯一的食品供应商，声名渐隆。而他本人也成为一名在东南亚打拼的粤商。“黄埔”之名也随着军舰、商船传到欧美各国。胡璇泽出生于广州，发迹、扬名于新加坡，并凭借其贡献被誉为“新加坡的先驱人物”。因胡璇泽来自广州黄埔村，经营的公司又是著名的黄埔公司，于是人们称他为“黄埔先生”。1878 年，胡璇泽被清廷任命为驻新加坡领事，成为中国第一个驻外领事。他还先后被俄国、日本委任为驻新加坡领事。胡璇泽一身兼三国领事，成为外交史上的佳话。1880 年胡璇泽病逝时，新加坡行政机关和各国领事馆均降半旗志哀，清廷特加赠他太仆寺卿衔。他的遗骸专门用船运回广州黄埔安葬。胡氏后人将“钦命新加坡领事胡璇泽”的木牌仿制后放在黄埔村胡氏宗祠内，至今仍留存。

粤商活跃在中国港澳地区

在中国港澳地区，粤商更为活跃，霍英东、何贤等都是其中的代表。何贤，广东番禺人，少时家境清贫，只读了二年私塾，13 岁就到广州沙基一间油粮店做小工，后来从事外币、黄金的报价工作。19 岁时，他和朋友合作在今下九路开设汇隆银号。1938 年 10 月，日军入侵广州，何贤转赴香港，依旧做货币买卖。由于他对货币买卖轻车熟路，生意经营得不错。但好景不长，1941 年底，太平洋战争爆发后香港沦陷，何贤随难民撤到澳门。但何贤没想到的是，自己竟从此与澳门紧紧联系在一起。在澳门，何贤先是经营谷米生意，不久后投入金融界，任大丰银行司理，后来经营黄金公司，事业蒸蒸日上。20 世纪 40 年代后期，何贤又创办了银行、酒楼、戏院、巴士、的士等公司，成为澳门的工商巨子。

将粤商推上历史舞台的，当属广州十三行。世界名表瑞士江诗丹顿公司的总部至今保存着一张 100 多年前的贸易订单。这张订单来自广州十三行的一位商人。清代中期，广州"一口通商"，让十三行成为全国唯一的"对外贸易特区"。周旋于中外商人之间的十三行行商异军突起，他们在东西方文明的碰撞中融入世界工商业浪潮，积累了巨额财富。十三行出现了一批中国巨富，如潘振承、伍秉鉴、卢观恒等，其中伍秉鉴最为突出。1834 年，伍秉鉴拥有 2600 万两白银，约相当于今天的 50 多亿元，成为那时候的世界首富。

百年前兴办实业图自强

粤商总能在历史的转折点崭露头角。从十九世纪四五十年代开始，西方工业技术源源不断地传入广州，影响和改变了粤商传统的模式和理念。不少粤商意识到，要走自富自强之路，必须勇于吸收世界先进技术、理念，兴办实业。这一时期的粤商已从过去的海商、行商，发展成为制造商。

说起粤商兴办实业，陈澹浦可谓鼻祖。陈启沅创办了中国第一家机器缫丝厂，陈拔廷造出了中国第一台柴油机，但鲜为人知的是，他们都与陈澹浦渊源颇深。

陈澹浦很早就开始做一些小生意，清道光十七年（1837年），他在十三行豆栏上街开办小作坊，生产纽扣、缝衣针等，兼接一些机械维修的活谋生。

19 世纪 40 年代，陈澹浦利用为外商维修机器的机会，学习了不少先进技术。后来，他把小作坊升级为陈联泰机器厂，主营修造船和机械维修，并试造蒸汽机。陈启沅创办缫丝厂时曾找到陈澹浦，经过八九个月的研制、调试，造出中国第一台蒸汽缫丝机。清光绪十二年（1886 年），陈澹浦之子陈桃川在十三行晋源街创办均和安机器厂。1911 年，陈桃川的徒弟、均和安机器厂技师陈拔廷又创立了著名的协同和机器厂，粤人陈氏兴办实业，可谓代代传承。

清末民初，粤商以极大的热情投入时代激流，提倡实业救国，众多身在海外的粤商更是回国投资铁路、航运、百货、银行、矿业等。

20 世纪 50 年代，粤人敢闯敢干、敢为人先的精神再度勃发，特别是敢于与世界连接的精神，让岭南一直保持着特有的活力。从早期的海商到后来的行商，再到兴办实业的制造商，粤商生生不息的奋斗史折射出南粤经济社会的巨大变迁。

^ 清铜胎鎏金透明珐琅花蓝座钟（广东省博物馆藏　王维宣摄）

心怀全球视野阔

第五章·第二节

宋代就有广货专供海外

历史上曾赫赫有名的商帮大多在辉煌之后归于平静，而粤商的传统却能代际相传，千年赓续。这背后有着怎样的奥秘？其实，这得益于向海而生的粤人具有务实、开放、兼容、敢为天下先的精神品质。与其他商帮相比，粤商从源起之初就具有鲜明的海洋文化基因，胸怀全球市场，连日常生活都能“一盅两件叹世界”。

粤商是中国对外贸易的先驱。西汉时，广州就已成为中国南方珠玑、犀角、果品、布匹等的集散之地。宋代时的广州是“万国衣冠、络绎不绝”的对外贸易大港，甚至开始制造专供海外的“广货”。

1952 年，考古人员在广州西村增埗河东岸岗地上发现了一处窑址，学者推断这里就是北宋时期的广州西村窑窑址。当时，广州西村已是规模颇大的瓷窑基地，以烧青白瓷为主，被列为“广东四大名窑”之首。有意思的是，国内很少发现西村窑所制陶瓷的踪迹，反而在东南亚地区发掘出不少西村窑瓷器。学者以此推断，广州西村窑烧制的瓷器大多销往海外，算是较早出海的“广货”。

据《广州市文物志》记载，西村窑主要烧制碗、盏、碟等瓷器。当时的粤商不仅学会了北方先进的窑瓷技术，更懂得把握外国客人的需求。他们把产品做得很有国际范：产品类型以小型杯、瓶、罐等为主，适应东南亚人的生活需要；在花纹图案或造型上也迎合当时东南亚、波斯湾一带的风土人情，把唐代盛行的凤头壶改造成波斯金属器常用的鸟形壶的样子，在海外颇为走俏。

当时的“广货”在海外市场有多受欢迎？元代文人周达观在《真腊风土记》里写下了他在真腊（即今柬埔寨）古国的见闻，他说，唐人（多为出海的岭南人）在当地备受礼遇，唐货也很受欢迎。在真腊，无论是王公贵族喜用的金银装饰、名贵瓷器、漆器、纸张，还是民间广为使用的麻布、黄草、布伞、铁锅，甚至针头线脑，大多来自中国，至于日常交易用的铜钱，更是如假包换的“中国造”，是当地信用最高的货币，这些铜钱中也有不少是从广州出口的。

^ 西村窑出土文物（莫伟浓摄）

^ 清代银鎏镙丝烧珐琅纸本贴象牙面人物彩绘火烧十三行图折扇（广州十三行博物馆藏）

率先推出“全球购”概念

1793年，英国马戛尔尼使团来华。看到广州贸易盛景，使团成员托马斯感慨道，广州是全球贸易链的一部分。彼时，粤商的主角已变成以十三行商人为代表的行商，他们既懂得中国国情，又了解世界大势，周旋于朝廷与外商之间，最能体现这一时期粤商的全球化思维。

十三行行商当中，潘家最有眼光，最有远见。其第一代商人潘振承很善于接纳新事物。清乾隆三十七年（1772年），潘振承率先使用汇票与外国商人进行贸易结账，这在当时绝对是一个创举。潘振承使用汇票结算后，大大提高了贸易的结算效率，促进了资金的快速流转，发掘出更多商业潜力，扩大了自己的实力。在十三行独揽中国对外贸易的85年间，潘家担任行商首领的时间长达39年。

19世纪40年代，中国进入近代化时期，十三行的影响力大不如前，但粤商并未销声匿迹。他们或走出广东，到沪上闯荡，名噪一时；或走出国门，到新加坡等地开拓新市场；或捷足先登，引进国外先进技术和设备，走出一条自富自强的路子。

清末民初，政府支持发展经济，西学东渐之风盛行，粤商不光生产销往海外的“广货”，还将电话、电灯等新事物乃至新的商业模式引入广州。商业百货就是一个例子。20世纪初，广州有著名的四大百货，其中先施百货的创办时间较早。先施百货的创办人马应彪早年家境贫寒，20岁时出国谋生。1900年，马应彪在香港筹办先施百货公司，大获成功。1914 年，他又在广州繁华的长堤大马路开办先施百货第一家分行——广州先施，楼高五层，是当时广州最大的百货公司。

在当时的广州街头，货栈小店是绝对的主角，但先施公司已开始用国际流行的方式经营中外商品：店面装潢豪华，商品分类周详细致。先施百货五层大楼里，货架和柜台琳琅满目。先施公司还率先引入全球购的营业模式，派专人到英、美、法、德、日等地采办商品。因此，许多全球有名的牌子货，在广州都能买到。当时，还有美国化妆品公司专门派化妆师到广州先施，现场为顾客化妆，推销自己的产品。

一时间，“逛公司”不仅成了流行语，更是时髦之举。紧接着，马应彪又在先施公司隔壁建起了东亚大酒店，酒店里有电梯代步，还附设酒吧、餐厅。

历久弥坚立潮头

第五章·第三节

“广货”借广交会畅销全球

中华人民共和国成立后，粤商利用广交会之便，与世界连接；当改革开放春风激荡时，粤商积极参与全球竞争，“珠江水、广东粮、岭南衣、粤家电”享誉海内外。如今，新能源、新科技等“广货”新品，也在新一代粤商的冲锋陷阵之下抢占各行业高点、走向全球。

今天销往东南亚、中东、非洲及欧美等地的广州虎头牌电池，就是当初借广交会最早在世界舞台上亮相的“广货”之一。20 世纪 50 年代，虎头牌电池在国内已非常畅销，开始尝试闯荡全球市场。

要闯荡世界，必须打破红海“魔咒”。红海是全球最热和盐度最高的海洋之一，许多品牌的电池在经过红海时，会因酷热和咸雾侵蚀而生锈、漏液。虎头牌电池采用独特工艺及防漏配方，不但能安全越过红海，抵达非洲后质量还相当稳定，成功跨过红海的虎头牌电池从此销往世界各地。如今，广州虎头牌电池已成为在非洲销售的第一品牌，虎头电池集团也长时间荣登中国对非洲出口企业百强榜。

20 世纪 80 年代初，粤商再一次得风气之先，着眼全球，大胆吸收、敢想敢干，在全球市场奋勇搏击，让珠三角成为“世界工厂”，让“中国制造”走向世界。曾经被视为“小打小闹”的个体户、小作坊也开始蜕变为世界性企业集团。一个个粤商趁势而起，并成长为叱咤商界风云的“巨无霸”。广州北郊石龙墟胡社村的胡师结，从一家小小的铁匠铺开始，创立了白云电器，并与东芝、三菱等世界巨头合作，让产品从广州走向全国，走向全球。梁庆德在一片荒滩上创办格兰仕，将一个乡镇小厂变为“世界微波炉”的代名词。何享健从港澳同胞回乡探亲带来的时尚家电中看到商机，将一粒“美的”的种子培育成著名的白色家电王国，在全球拥有约 200 家子公司、31 个研发中心和 40 个主要生产基地，业务覆盖 200 多个国家和地区。1994 年，来自粤东的陈凯旋、陈凯臣兄弟在广州麓景路创立广州市立白洗涤用品有限公司（后更名为“广州立白企业集团有限公司”，简称“立白集团”），与宝洁等世界品牌同台竞技，并与巴斯夫、陶氏化学、杜邦、诺维信等全球大咖合作，共同开发新技术新产品。2017 年，立白的洗涤用品销量跃居全国第一、世界第四。

^ 广州港南沙汽车码头（苏俊杰摄）

新一代粤商勇创世界级大品牌

进入 21 世纪，粤商在电子信息、高端装备、生物医药、现代服务、互联网等领域叱咤风云。2005 年 4 月，《财富》杂志中文版刊登的封面故事，就以“中国最具影响力的 25 位商界领袖”为主角，其中有 5 位是广东企业家。

敢为人先、开放包容以及全球化视野，是一代代粤商坚守的精神传统。正如年轻一代粤商——陈凯旋之子陈泽滨所说，立白的愿景就是要做世界名牌。2019 年，陈泽滨被任命为立白集团总裁。成长于互联网信息化时代的陈泽滨，在接纳和学习新知识方面效率更高。他带领立白积极融入全球市场。据陈泽滨介绍，目前立白产品已远销 40 多个国家和地区。未来，他们将继续坚持国际化战略的布局和开拓，建立海外研发、生产中心，深度建立在海外当地的价值链条，立白将在产品和品牌积累的基础上，进一步加大研发技术和生产制造本地化，建立海外（特别是在“一带一路”共建国家）研发、生产中心，真正实现企业本地化和国际化。

毫无疑问，陈泽滨展现了新时期粤商的新形象、新担当和新作为。姚维兵也是这个新生代中的重要一员，他虽不是土生土长的广东人，却非常认同岭南文化。姚维兵以 15 万元启动资金创立了广州明珞装备股份有限公司。如今，明珞装备的产品已出口欧、美、日等 10 多个主要经济体，国际业务占比 70% 以上。

从早期的海商到行商，从传统的农产品、手工业品、家电、服装到新能源、新材料、无人机、机器人等新“广货”；从定期市到十三行，再到广交会；从无数手工作坊、个体户到立白、欧派、美的、腾讯、唯品会等世界性企业集团……粤商涉足行业更多、交往范围更广，商帮队伍也更大，且总能走在世界潮流前端。这背后原因少不了放眼全球这重要一环。正如广东省工商联副主席、广州金域医学董事长梁耀铭所说，以前粤商多是靠抓住先机，先走一步，重在打拼；如今，年轻一代粤商大多受过良好的教育，视野更广、格局更大，汇聚的也是全球要素，这使粤商在新的时代浪潮中发展得更有韧劲。

^ 广州明珞装备股份有限公司的智能生产线项目（廖雪明摄）

第六章

老字号藏商都密码

文—张忠安

老字号藏商都密码，老店与时代共舞。

一方水土养一方人。广州深厚的商业文化土壤孕育出众多具有浓郁岭南特色、享誉海内外的老字号。它们凝聚了一代又一代广州人诚实守信、追求品质、敢为天下先的商业精神，在商海大潮中几经沉浮，依然屹立不倒，成为今天传承和弘扬商都文化的企业基石，也沉淀了独属于这座城市的文化与韵味。

广州向来重视老字号的保护与传承。最近几年，政府加大对老字号的扶持力度，令其焕发新的生机与活力，赓续千年商都命脉，满足人们对美好生活的追求。

现存广州老字号始于明代

“字号”最早是对人的称谓，唐代开始应用于商业。今天所说的“老字号”既有国家级中华老字号，也包括省、市级等地方老字号。广州老字号多指创立 50 年以上，拥有深厚历史底蕴、鲜明文化特色、独特工艺技术、优质产品服务，并获得广泛社会认同的品牌。

据广州老字号协会提供的数据，截至 2024 年 2 月，广州拥有 152 家老字号，每一家老字号都堪称一部承载商业风云的传奇。

广州部分中华老字号

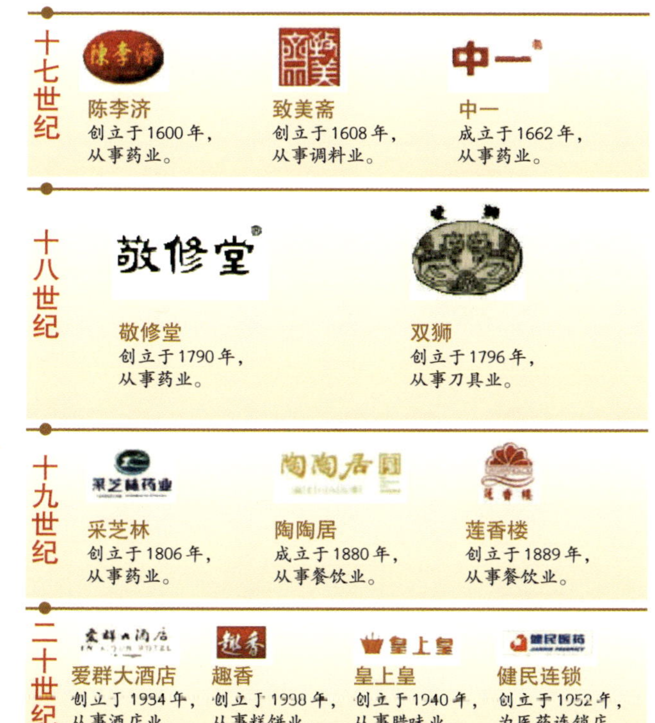

陈李济距今已有 420 多年

广州老字号多集中在北京路、老西关以及长堤西濠口一带。众多老字号犹如千年商都的“活化石”，共同绘就一幅最长、最美的广州商业画卷。

广州现存的老字号中，历史最久的当属陈李济。它是全国知名的中华老字号，距今已有 420 多年历史，比北京同仁堂的创立还要早 69 年。相传，明万历二十八年（1600 年）岁末的一天，商人陈体全在外收得货款，从水路折返广州，匆忙中不慎将巨额货款遗落在船上，被同船的李昇佐拾获。李昇佐在码头整日等候，终将货款悉数归还失主。陈体全拿出一半货款当作谢礼，李昇佐坚决不收。当得知李昇佐开了一间药铺时，陈体全决定拿出遗金半数，投给这间药铺，以济世安民。两人随即签下“本钱各出，利益均沾；同心济世，长发其祥”的合伙文书，取店名时取陈、李两姓，“陈李济”自此横空出世。创业之初，陈李济就立下规矩，凡路过陈李济门市者，一旦忽然晕倒或受伤，陈李济人必施药相救。陈李济又在人行道设茶缸，免费向路人供应茶水，此举一时传为佳话。

守正创新是陈李济的看家本领。在陈李济中药博物馆内，泛黄的《良药集》中有追风苏合丸的记载。追风苏合丸是在宋代《太平惠民和剂局方》配方基础上添加广藿香等创制而成。据《广州市志》记载，清同治帝曾染风寒，腹痛吐泻不止，服用了很多御药都不见效，后尝试服用广州陈李济的追风苏合丸，竟然很快痊愈，于是御笔亲书“杏和堂”敕赐，并钦定陈李济的旧陈皮为贡品。从此，广州陈李济名动京城，“北有同仁堂，南有陈李济”的佳话不胫而走。

继陈李济之后，北京路一带又出现了致美斋、中一药业等中华老字号，并延续至今。它们均为前店后坊，既生产商品，又临街开铺，既得到这里商业氛围的滋养，又延续了这一带的商业繁华。

明末清初，广州对外贸易发达，水陆交通便利的城西门外得到开发，商业逐渐兴旺，出现了著名的西关商业区。自广州“一口通商”后，外商云集羊城。起初，他们是可以进城（古城墙之内区域）的，但从清代中期起，外商主要集中在古城西门外一带活动，著名的广州十三行就设在今广州文化公园一带。一大批百年老店随着西关商业发展而崛起，比如风行牛奶、陶陶居、莲香楼等。

这一时期的老字号得风气之先，中西合璧的特色较为明显，体现了19世纪广州人城市生活的演进。1865年，一陈姓人家在沙面开了一间胜记牛奶公司，这是迄今可查到的全国最早专门经营牛奶的公司。很多人或许有所不知，“胜记”就是今天遍布广州大街小巷的风行牛奶的前身。

当时，“胜记”饲养的黑白花奶牛是随西方传教士乘船来到广州的。据《广州市志》记载：“胜记牛奶公司，饲养黑白花奶牛，开创销售瓶装鲜奶。”100多年来，风行牛奶承袭“胜记”基因，坚持在城市中养牛的传统，始终如一地坚守一个“鲜”字。

^ 中华老字号陈李济（苏俊杰摄）

^ 陈李济中药博物馆的中药（骆昌威摄）

清末民初老字号开到长堤

19 世纪末 20 世纪初，西关的商圈扩展到珠江北岸的长堤，集中在今西起人民桥、东至海珠桥一带。“上海有外滩，广州有长堤”，说的就是当时这一带商业的兴旺。当时，一批老字号从长堤崛起，新亚大酒店、城外大新（今南方大厦）、新华大酒店、爱群大酒店是其中的翘楚。这些老字号的设计师和经营者大多重视西学，不仅在建筑硬件上借鉴欧美、东南亚风格，还在运营、管理、服务等方面也大胆引进当时外国先进理念，一时风头无两，佳话连连。

当时的广州正迎来新一轮建设热潮，释放出巨大的商业活力，政府也号召海外华侨回乡，参与城市建设。20 世纪 20 年代，美国归侨冼锡鸿、张椿荣等人筹集侨汇，合办南华置业，在长堤、西濠口一带，兴建了两座 30 米高的大楼——南华楼和嘉南堂，其中，南华楼就是今天的中华老字号——新亚大酒店。

如今，人民路高架桥上车辆川流不息，日夜不停，新亚大酒店静静屹立于一旁，与其他骑楼建筑比肩而立。新亚大酒店的设计者是著名建筑师杨锡宗。他早年就读于广州岭南中学，后留学美国，毕业于康奈尔大学建筑系。凭着对中西文化的深刻理解，他把南华楼设计成带有欧洲古典风格的骑楼。在周围一片岭南传统民居中，30 米高的南华楼格外引人注目，时人赞美它“一枝秀艳出长堤”。新亚大酒店首任总经理钟标曾在欧美从事餐饮酒店业。掌管新亚大酒店后，钟标率先引进西方先进的管理理念，首创“贴身式”服务，但凡住客提出的要求，大到去码头接送、代买车船票，小至买香烟、报纸、水果等琐事，酒店都一一代办；甚至客人有亲友来访，酒店也妥善招待。一时间，新亚大酒店名声大噪，开业仅两年就在香港、上海开设了分店。

今天，长堤、西濠口一带早已不复昔日的辉煌，但屹立在这一带的一间间老字号仍是老广们津津乐道的谈资，很多身在海外的广州人也对它们念念不忘。

20 世纪 50 年代后，广州再次呈现老字号扎堆出现的“小高潮”。不同的是，这一时期诞生的老字号不仅有传统的商业品牌，还有不少工业新秀，是当时商业与工业共同发展的历史见证。

^ 上下九商业步行街一带聚集了多家老字号（骆昌威摄）

老字号追求极致品质

第六章·第二节

致美斋跻身中国四大酱园

千年流淌的珠江孕育了千年商都广州，并催生了灿烂的商业文化。根植于广府深厚商业土壤中的广州老字号为何能长盛不衰？支撑他们的精神是什么？

广州面朝大海，向海而生，开放包容的海洋文化基因，为小微作坊、小微企业以及百年老店提供了沃土。而广州商业文化中对品质孜孜以求以及敢闯敢试、敢为人先的精神，孕育和滋养了一批又一批广州老字号，它们穿越历史云烟，至今熠熠生辉。

一位老字号非遗文化传承人曾说过，他们如同爱惜自己的生命一样呵护商品品质，并将其视为老字号的安身立命之本。实际上，广州的每家老字号都把对商品品质的追求做到了极致，有的甚至将“致”字刻在店名里。

在广州繁华的中山四路与文德路交界处，有一家名叫致美斋的中华老字号。致美斋由何许人创办于何时？至今我们无法找到准确的史志记载。镌刻于致美斋门店入口处的《致美斋记》写道：“明朝万历，三十六年，南粤省城，城隍庙前……致美斋酱园，诞生于此。”若以此计算，致美斋距今已有417年历史。它的创立与北京路一带的商业兴旺有关，是广州老字号呵护商品品质，追求至善、臻于至美的历史印证。

中国酱料历史源远流长，广州人对“吃”的讲究、对“味”的追求，称得上细致入微，甚至苛刻。在广州，致美斋并不是第一家开酱园的，却能很快站稳脚跟，并延续400多年，靠的就是一个“致”字——对品质的刻意追求。“致美斋”的名字，源自“用水致纯，选粮致精，工艺致正，酱品致香，待客致诚，味道致美”的古训。广州自古江河纵横，水网密布，为人们的生活生产带来了极大的便利，但致美斋做酱却不使用江河水，而是自己掘井取水，以保证酱料水质的稳定。在选料和制作上，致美斋也颇为讲究，比如酱油原料一律采用北方大豆，小磨麻油一定选用饱满纯正的芝麻，添丁甜醋一定选用立秋前的嫩姜作姜胆，嘉味油榄一定选用增城乌榄……由于品质优良，致美斋很快就在酱园圈中崭露头角，到了清嘉庆年间，广州致美斋与北京六必居、上海冠生园、长沙九如斋并称“中国四大名酱园”。

广州商人始终如一的追求，还有以下的事例佐证。清光绪初年，今广州中山五路、北京路一带间或会传来一个猪肉小贩的叫卖声。小贩名叫孔昭旺，他的猪肉小铺取名“旺记”，起初还不太被人熟知。不过，因为猪肉品质好、色泽亮、味道香，孔昭旺的小铺门前回头客越来越多，生意愈发红火。与孔旺记打过交道的食客都知道，孔昭旺的生意之所以能“旺”，关键就在于品质。为保证肉品，每次进货时，孔昭旺都亲自相猪选购，力保多年来的良好口碑不倒。发展至今，这家老字号“孔旺记”已经成为广州唯一一家国有生猪定点屠宰企业，每天将值得信赖的肉品送进千家万户。

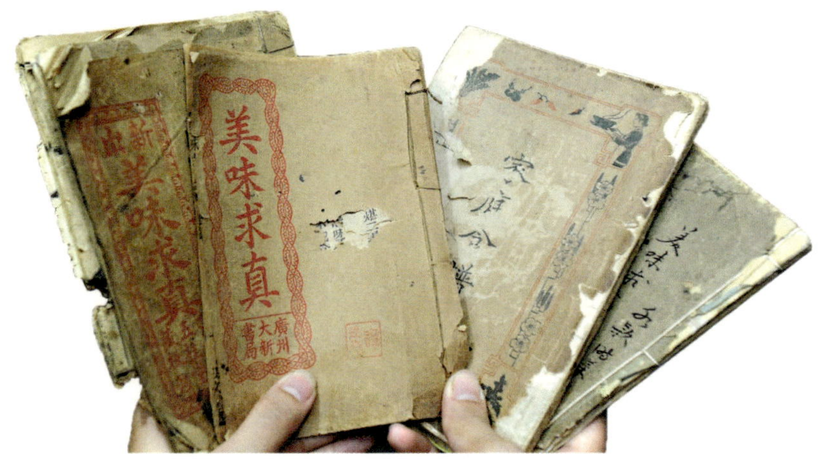

^ 致美斋收藏的古老粤菜菜谱（王燕摄）

潘高寿热心济世传为美谈

中华老字号潘高寿则将“积功累德、济人济世”的初衷镌刻在店铺名中，成为其永葆青春的密码。在许多人的居家常备药品中，有一样药不同于一般苦涩难咽的药片，是用玻璃瓶装的棕红色的黏稠的流体，气香味甜，喝下去还有一丝丝的清凉感，常用于治疗感冒咳嗽、咽喉痒痛，这就是广州潘高寿蜜炼川贝枇杷膏。潘高寿药行的历史，能追溯到100多年前开张的小药铺。

清光绪十六年（1890年），广东开平人潘百世、潘应世兄弟在紧邻北京路的高第街开了一间药铺，店号“长春洞”。潘氏家族世代行医，潘百世祖父的医馆中堂有一副“悬壶早备君臣药；济世常存父母心”的对联。广州长春洞药铺开业后，潘百世重书对联，悬挂于居室中堂两侧，时刻警醒自己。

当时，一到盛夏，潘氏兄弟便熬制凉茶，免费送给工人以解暑，街坊和路人也可免费饮用。20世纪20年代，潘百世之子潘郁生掌管长春洞。在一次宴席上，有人挥毫赋诗：“潘家世伯乃考英，高德重望人皆敬。寿享天年瑶池往，好似苍穹日月星”。潘郁生从中择了“潘高寿好”四字，在“长春洞”名字后缀上“潘高寿”三个字，以缅怀其先人“积功累德、济人济世”之精神，也寄予了“长春洞里攀高寿”的美好愿景（“攀”“潘”谐音）。

从19世纪末到近代受战火侵扰，再到如今成长为采用现代化管理与生产模式的广州白云山潘高寿药业股份有限公司，潘高寿历经百年风雨，改变的是生产方式，不变的是以岭南中药济世益民的心愿。今天，“积功累德、济人济世”八字依然悬挂在广州潘高寿药厂的办公楼上。

除此之外，敬修堂、王老吉等广州中华老字号也都将济世之念奉为圭臬。清乾隆五十五年（1790 年），五代十国时期吴越国建立者钱镠的后人钱澍田在广州城外太平桥脚开了一家医馆，取名敬修堂，意为要实现济世抱负，走医精药良之道。清道光年间创办的王老吉，曾熬制凉茶帮助乡亲解除病痛之苦，创始人王泽邦也被尊称为“岭南药侠”。

商都『活化石』推陈出新

第六章·第三节

曾经创下辉煌历史、积淀厚重文化的众多广州老字号，在抗日战争时期遭遇劫难，店铺被烧、工厂被毁，直到中华人民共和国成立后，才重获新生。同时，一大批新的广州品牌亦应运而生，书写更为精彩的商都故事。

截至目前，广州共有150多家老字号，其中中华老字号接近40家，数量居广东省第一位。这些老字号传承独特产品、精湛技艺和经营理念，维护良好信誉，取得社会广泛认同，不仅是广州千年商都的“活化石”，更是敢为人先、积极拥抱浪潮变化、让商脉永续的企业中坚。

皇上皇成为“腊味王国”

“食在广州”远近闻名，商家要想在广州这个美食之都脱颖而出，唯有保障过硬的品质，并在此基础上推陈出新。广州中华老字号皇上皇正是坚守优秀传统、不断尝试突破而长盛不衰的代表。

皇上皇创立于1940年，如今已走过了85年历史，从曾经的前店后坊成长为今天的广式腊味集大成者，被老广们誉为“家乡的味道”。究竟是什么秘诀让皇上皇这样的广州老字号经久不衰，历久弥新？

作为第一批被校招入店的大学生，陈耀与皇上皇结缘超过30年，如今他已经是皇上皇的品牌大使。在陈耀的理解中，皇上皇长盛不衰的秘诀就在于守正创新。皇上皇有过辉煌的多元化经验，但不论怎样多元化，其“镇店之宝”依然是腊味腊肠。一根腊肠看似简单，其实背后却隐藏着很深的学问。陈耀介绍，守正是创新的基础，80 多年来，皇上皇沉淀了出色的传统技艺，与一般家庭制作颇为不同。为了保证腊味品质，皇上皇精选用料、坚守传统工艺步骤。广式腊肠是由肥肉、瘦肉分开切粒制作而成的，红白相间是一大特色。皇上皇腊肠肥肉选用猪脊膘，瘦肉选用后腿肉。修割精肉要做到肉上无油膘、无血块、无筋腱等，漂洗的清水要经常更换，以保证成品中的精肉呈玫瑰红色。肠衣的选择也非常有讲究，灌制过程的松紧度更要掌握好，这样腊肠的形状才会粗细有致。

据陈耀介绍，皇上皇遵守传统秘方，盐、糖、酒和酱油等酱料比例基本不变，只为保留传统的广式口味。由此制作出的腊肠香醇芳厚、色泽光润、肥瘦分明、脆口不腻，令人垂涎欲滴，颇受人们喜欢，成为广式腊味的佼佼者，并名扬四海。据《广州市志》记载：“广州市生产的广式腊味以其独特风味、优良品质享誉全国，闻名海外。”也许，在老广们心中，皇上皇早已不只是单纯的美食，更是深嵌在一代又一代人心中的情感纽带，而其对传统精华的坚守，又让这条纽带融入味蕾、融入血脉。

守正是广州老字号共同的基因。当年前店后坊的老字号陈李济，如今依然传承古法，用料必用“天字第一号”的正品地道货；致美斋至今还保留有 500 多个明清至民国时期制造酱油及酱用的瓦缸，用于晒制大顶头抽、双璜生抽和酿造面酱等酱料。

^ 皇上皇老店（陈忧子摄）

“月饼泰斗”爱拼才会赢

守正和创新是老字号的两大成功秘诀。特别是二十世纪七八十年代之后，物资越来越丰富，市场主动权转向买方，人们对商品“好”与“美”的追求越来越高，促使老字号在坚守传统精华的基础上勇于创新。

创新需要胆识、勇气和魄力。1985 年，为满足广州人对“鲜”味的执着追求，风行牛奶率先从国外引进荷斯坦奶牛，更请来曾经大名鼎鼎的飞虎队运送。当年，一架载着风行选购的 645 头荷斯坦奶牛的飞机抵达白云机场，这一创举被传为美谈。

坐落于西关第十甫的趣香饼家也不乏勇于接受新挑战的魄力。这家成立于 1938 年的中华老字号，以月饼、糕点、点心和休闲食品等驰名粤港澳。趣香饼家当年制作“中华月饼王”的创举，至今让人津津乐道。

1995 年 9 月 4—15 日，联合国第四次世界妇女大会在北京召开。9 月 9 日是中秋节，时任趣香饼家厂长王俊龙从广州赶往北京，将重达 208 公斤的巨型月饼分享给与会代表，带去广州人的祝福。这块月饼被誉为“中华月饼王”，载入了《吉尼斯世界纪录大全》。据趣香饼家副总经理胡庆伟介绍，当时制作这么大的月饼，非常有挑战，光红莲蓉就用了 73 公斤，最终由 8 名高级师傅花了一天时间精制而成。正是拥有这种敢于直面挑战的气魄，才让趣香这家中华老字号经受住了 80 多年的考验，一直走到今天，成就了其“月饼泰斗”的美誉。

陶陶居打入年轻人“地盘”

在广州老字号中，国资企业占了大半壁江山。根据广州市国资委发布的《2022年广州国企老字号白皮书》，广州市属国企老字号共83家，其中中华老字号29家，分别占全省的83%和51%。北京大学中文系教授张颐武曾表示，老字号是文脉的延伸，蕴含着深厚的文化价值和巨大的商业价值。作为千年商都，在推动老字号高质量发展方面，广州一直走在全国前列。历经百年传承与淬炼的广州老字号也积极拥抱时代浪潮，走出舒适区，打入年轻人的“地盘”。

成立于清末的中华老字号陶陶居于2015年走出西关，在广州正佳广场开了第一家分店。随后的8年里，陶陶居先后在环市东路、北京路、珠江新城等商业旺地开设分店，还将分店开到了北京、上海、深圳等地，每到一地，都大受欢迎。

2023年1月10日，与广州千里之距的成都，远洋太古里东里2层人山人海。这一天，广州陶陶居在此开门迎客。当天就有人“抱怨”说：“排了几百个号才等到！”陶陶居副董事长尹江波说，陶陶居的精神内核是广府文化，所有分店的菜品都坚守广州本味。但陶陶居更不乏走出老西关的胆量，大胆走出广州，用时尚的设计、现代的元素，让更多年轻人认识广州。

同样走出去的，还有中华老字号广州酒家，其分店不仅开到沿江路、体育东路、越华路、滨江路、环市东路等广州城内的商业旺地，还落地深圳、佛山等地，让更多地方的年轻消费者能够品尝到广州老字号的味道。

互联网、大数据、智能化等新科技已成为老字号焕发新活力的一大利器。皇上皇与科研机构和高等院校合作研究，实现了生产自动化、标准化和全天候化，令“广式腊味”与时俱进。广州友谊“5G+ 数字商贸”项目，是广州智慧零售应用场景示范的唯一入选者。2022 年，广州市更是率先打造了全国首个互动式、沉浸式、体验式的老字号线上数字博物馆，让广州老字号突破线下地域限制，成为城市文化名片的传递者。人们在线上就能“畅游”广州老字号，感受广州文化。可以说，老字号在线上得以重塑，焕发出新生机。

敢于走别人没有走过的路，才能看到别样的风景。其实，广州老字号的未来就藏在它的过去里——坚守传统精华，并勇尝“头啖汤”。

∧ 陶陶居老店（陈忧子摄）

第七章 商贸地名相伴行

文—倪明 苏赞

坊行市甫栏仓津，商贸地名相伴行。

广州在汉代已是全国九大商贸都会之一，到唐代更是发展成为世界著名贸易大港。从唐代设立市舶使到清朝名震全球的十三行，从海上丝绸之路发祥地到商贾云集的东方大港，广州持续千年的商业史留下的记忆，镌刻在许多流传至今的地名里。探寻一条条街道名称的来历，如同展开一幅广州版的《清明上河图》。

唐代，蕃坊内外商云集；宋代，各类专业街市涌现；到明清时期，人们又往西南方向、沿江地带扩展建设新城，将河涌水道与商业结合。广州城的商贸业在发展之初以批量运售为主，所以很早就形成米、油、纸张等颇具特色的专业街，商贸传统一直延续至今不衰。各个行业的集市交织，形成广州的日常生活。直到今天，广州繁华胜昔，无愧商都之名。

坊，唐代出现坊制地名

第七章·第一节

“坊”一词出自《唐六典》，汉代城邑内的“里”“巷”，到了唐代，开始被称为“坊”，是人们居住的地方。到宋代，“坊”也指街市，如永庆坊、状元坊、如意坊、青龙坊等。

哪怕是老广也可能不知道，旧时广州曾有“蕃坊”的地名。唐代，12 万外商来华贸易，居住在今越秀区光塔路一带。他们聚居的地方被称为“蕃坊”。宋代，双门底以南（今北京路段）发展成为商业闹市，城西南的南濠口、西澳（今诗书街、省中医院一带）是广州最大的外贸码头、市舶司驻地，有“百货之肆、五都之市”之称。

唐朝实行坊市分离的制度，坊有点类似于现在的住宅小区；市设在市舶使院，也称海阳馆，这里才是正经做生意的地方。唐朝还实施夜禁制度，晚上不许开市，但广州是例外。唐诗人张籍《送郑尚书出镇南海》有“蛮声喧夜市”的诗句，可见当时广州夜市之名已传播至中原。

唐代，广州已成为中国南方的商业中心。“戍头龙脑铺，关口象牙堆”“常闻岛夷俗，犀象满城邑”，这些唐人咏广州的诗句，引得江淮、巴蜀等地大量商人到广州经商，中原文化也由此更多地传入广州。

如意坊位于荔湾区西南角，与荔枝湾咫尺相邻。20 世纪，如意坊一带是珠三角地区重要的大型商贸集散地，尤其以木材交易和塘鱼批发而闻名。现今，如意坊一带作为广州重要的干果批发集散地，依然车水马龙。

^ 永庆坊（陈忧子摄）

行，保留古代行会记忆

第七章·第二节

街名中带有“行”字或带有某一商品名称的老街，往往保留着关于古代行会的独特记忆。

纸行路、绒线街、雨帽街、象牙巷等流传至今的老地名都大有来历。宋朝，坊市制被全面打破，街市大量出现。广州的街市依托大大小小的水道发展，街头巷尾纷纷开起了商店。根据当时官方规定，商铺须分“行”经营，连商品的定价都由官府管控，不允许随便定价。于是广州出现了“象牙一条街”“玳瑁一条街”“玉器一条街”“书房一条街”……

在越秀区大德路以北、解放中路以西有条象牙街。为什么叫象牙街呢？原来，唐代广州光塔路一带专门设有象牙贸易的街市。明朝时期，广州象牙街（今大德路与惠福西路之间）是一条繁华的街道，技艺高超的艺人在这里购买从非洲经海上丝绸之路运来的优质象牙，并把象牙雕刻成精美的艺术品，再把这些艺术品卖给南来北往的商人，由此这里出现了象牙一巷至象牙四巷及象牙北街等街名。后来，三府前（今解放南路一带，距象牙街约 1.1 公里）出现了专营外销和朝廷贡品的“贡行”（雕刻、经营艺术性及价位都较高的象牙产品的行业组织），其他牙雕艺人纷纷往此地靠拢。渐渐地，大新街、小新街、玉子巷、三府前便发展成繁盛的商业街。民国时期，广州牙雕进入全盛时期，从业人数达到 1300 人左右。除了售卖牙雕制品的店铺外，大新街还是各类手工制品的集中地，道路两旁布满了各种牙雕、玉雕、珐琅、瓷画、木雕、乐器、扇坊、写真画等店，简直是一个民间工艺大观园。

然而，随着 1938 年 10 月日军入侵广州，大新街的手工行业遭到致命打击，手工艺人纷纷离开，象牙一巷至象牙四巷地名自此在广州城区地图上消失。今天的象牙街变成了皮革、鞋业集散地，大新路东段为鞋业一条街，大新街由此成为广州牙雕的历史见证者。

大新路附近的纸行路，则留存了古代广州纸业的繁华记忆。根据《诗书福地》一书记载，南宋以前，广州已有专一经营纸业的作坊，街道故此得名。到了清朝时，广州形成了一个以今广大路为中心的书院群。书院群带旺了书坊业。从纸行路、诗书街到天平街（今天成路），大大小小的纸行临街而列，形成了一条纸业专业街。产自各地的纸张源源不断地被运到这里，再通过这里的纸行销往中原，或出口海外。

近代，德国、日本的洋纸也通过这里的洋纸行进口至广州。各地的纸商都派人来这一带开大纸栏（相当于交易中心），这个庞大的纸张集散市场名闻海内外。

近千年的时光倏忽而过。当年的纸业作坊已走进历史，如今食肆商铺林立街旁。阳光透过绿树，洒下斑驳光影，这条毗邻人民中路的小道，很是清幽雅静。傍晚放学时分，广州市第四中学丰宁学校的下课铃响起，学生们走出校门，他们的欢声笑语让古老的纸行路充满着青春气息。

仓，源于古代盐仓、粮仓

第七章·第三节

仓边路、旧仓巷等带“仓”的地名缘起大宋盐仓，同样源于大宋盐仓的地名还有贤思（盐司）街、盐运西等。广州另外一个带“仓”的地名——仓前街，则源于古代粮仓。

仓边路曾是宋朝盐仓

盐运西街、贤思街、仓边路……广州有很多与盐仓有关的地名。在古代，食盐专卖被视为“国之大利”，早在唐代盐利就是朝廷最重要的财源，宋代更有“天下之赋，盐利居半”的说法。

据史料记载，宋代广东有大大小小十几个盐场，其中属广州管理的就有七八个，一年的海盐产量少说也有上百万斤。按朝廷规定，盐不许私卖，都得先运到广州的盐仓，经查验后，再由官府用船运往各地销售。广南路的盐仓就设在文溪（今仓边路一带）边，方便漕运，因此留下了仓边路和旧仓巷等街巷名。当时的文溪是一条大河，且直通珠江。各地盐船汇聚于此，白花花的盐进仓出仓，成就了两广最大的运盐中心。

在广东管理盐业的衙门被称为“提举广南路盐事司”。文明路上有一条贤思街，原名盐司街，是管理盐政的衙门所在地。明代，广东盐运提举司仍设在贤思街内。在清代的广州地图上，可以看到在今第一工人文化宫与北京路之间有一处叫“盐埠”的地方，民国时期广东盐务处也在文明路上，可见此地与盐业颇有渊源。

此外，老城区也有宋代相关机构留下的地名，人们较为熟悉的有盐运西正街和盐运西一、二、三巷。

如今的盐运西正街沿街绘有长廊壁画，画中“盐场”壮阔，无数人晒盐煮盐。小巷距北京路步行街不远，古朴幽静，巷内特色小店与老街融为一体。

仓前路昔为明清粮仓

与仓有关的另一地名——仓前街（位于六榕路与海珠北路之间）始于明清时期的粮仓。明洪武六年（1373 年），官方割静慧寺（今六榕寺）的一半建永丰谷仓，清代更名为“裕信仓”，仓前街由此得名。

初夏时节，仓前街街口藤架上爬满植物，书有“仓前街”三个字的牌匾悬在藤架中间，两块竖匾分列两旁，上书《管子·牧民》中的名句：“仓廪实则知礼节；衣食足则知荣辱。”有老街坊表示：“这里已经没有谷仓了，我记事起就只有这条麻石路。”路面由四块麻石并列铺成，见证了当年的运粮景象。

^ 盐运西街（陈忧子摄）

^ 仓前街（陈忧子摄）

栏，专业商品批发市场

第七章·第四节

“栏”原指房屋。随着时代变迁，“栏”字的含义逐渐演变为“同类商品的堆积、聚集地、街区”，也就是今天所说的专业商品批发市场，如杉木栏、桨栏路、鸡栏街等。

屈大均所著的《广东新语》记载：“广州凡食物所聚，皆命曰栏，贩者从栏中买取，乃以鬻诸城内外。”

在荔湾，以“栏”为名的路并不少见，仅在十三行周边区域就有杉木栏路、桨栏路、鸡栏街、豆栏上街等。杉木栏路，位于十三行路西侧，西接十八甫南路、梯云东路，起源于明末清初。那时，十三行是重要的经贸通商口岸，分布着众多码头、渡口等。与十三行仅一街之隔的杉木栏一带，本是装卸杉木的渡口。靠近渡口就容易形成商业氛围，很快杉木买卖就在此成行成市，杉木栏由此得名。1926 年前后，西关很多街道改成马路。1932 年，杉木栏拆建为路，杉木栏路这一名称一直沿用至今。

桨栏路位于杉木栏路的北边，东起光复南路，西止杨巷路与长乐路交界处，曾于 1928 年扩建，1931 年完工。因这里逐渐形成专门售卖船桨等船上用具的集市，“桨栏”这个名字应运而生。

杉木栏、桨栏路周边以“栏”字为名的路，大多也与当地曾经成行成市的商品有关。如豆栏街曾是豆类批发市场，鸡栏街原是西关鸡农摆卖的集散地。此外，还有糙米栏、菜栏横街、鱼栏大街等。

广州大学教授王元林表示，当时广州以“栏”字为名的街道主要分布在西关一带。除了经营对外贸易的十三行外，在其周边分布有大量从事国内贸易的栏口。以前广州有“七十二行”之说，其中栏口贸易在七十二行中占了很大比重。栏口就是商品的集散地，代客买卖，也叫货栈，每一个栏口相当于一个大的专业市场。

桨栏路街道两边，骑楼鳞次栉比，巧克力色的门面、红白条纹相间的遮雨棚，搭配上墨绿色的护栏、平整的路面，重新粉刷后的建筑让街道看起来颇具欧洲小镇风情。临街的商铺都是做布艺生意的，一片色彩斑斓。走过桨栏路，沿长乐路往南走就是杉木栏路。如今，杉木栏路已成了海鲜批发市场。

^ 桨栏路（陈忧子摄）

市，米市路曾是全国重要米市

城里做买卖的地方叫作“市”。当某一个“市”形成街道时，街道名往往就带有“市”字，如米市路、三角市等。

广州有条远近闻名的米市路，位于越秀区朝天路以南、惠福西路以北，与光塔路交界。以“米”命名路是广州特色，广州又称“穗城”，这个名字说明广州在历史上是重要的粮食生产销售基地。根据《广州市志》的说法，广州在宋代逐渐成为全国最大的米市，如今西门口附近的米市路，从宋代开始，直到明清，一直是大米交易一条街，米市路的名称正由此而来。经济史研究专家全汉昇表示，广东出产的米，连同在广西出产的，都先集中于广州，然后运往沿海各地出售。

按《永乐大典》“广州府南海县之图”所示，明初南海县、番禺县分界在新店街、米市街、朝天街一带，北到就日门（即朝天门），可见明代甚至更早以来，米市路一带曾是南海县与番禺县之分界。最初，米市路还是米市街，1932 年扩建为路，称为“米市路”，1966 年秋改名为“朝阳南路”，1981 年复名“米市路”。到 20 世纪初期，广州城中陆续出现碾米厂，生产的米直接被运到遍布城中的米铺出售，米市街上繁荣的大米交易变成历史。

从惠福西路走进米市路，两边的大树参天蔽日，近百家电子元器件产品店铺密密麻麻排列在道路两侧。米市路上的横街小巷，实际上是一条又一条的“掘头巷”（即死胡同），仅有 10 余米深。

“更早以前，这里整条路都是菜市场，后来搬到了甜水巷（米市路上的一条横巷），再后来，越秀区逐步将这里规划成电子电器元件专业区，商铺都专门卖电子电器。”一名久居米市路的老街坊说。

甫，货物转运码头

古人在地名上用步、埔、甫、埗等表示津渡码头。宋人吴处厚《青箱杂记》说:“岭南谓水津为步。”广州有十八甫、黄埔、盐步、龙津路,皆为货物转运码头或渡口。

在荔湾老城区,“甫”字地名,曾经从第二甫排到第十九甫,就是没有“第一甫”。究其原因,还与“津”有关。此处通向越秀山脚兰湖(古广州的湖泊,现已湮灭)的水道习惯上被称为通津,至今在西华路东段北街还有一条第一津街,保留了当年的地理记忆。老广州人中流传一句俗语:第一津——没谱(“谱”“甫”谐音),即不靠谱的意思。

明清时期,涌水从第一津沿西濠向南流,依次经过第二甫、第三甫直到第八甫,然后转向西流,又经过上九甫、下九甫、第十甫、第十一甫,再转向东南流经第十二甫到第十六甫,再由南转向西是第十七甫、第十八甫,再转北往东到第十九甫。

在明代,第二甫至第十八甫都是商业区。各“甫”都有特色:如第二甫卖的是刀剪利器,第三甫卖鲜花,第七甫多开报馆,上九甫的绒线铺排成一片,下九甫绸缎店一间接一间,第十七甫卖金饰珠宝玉器,第十八甫的茶室令整条街溢满茶香。在清代,第二甫至十八甫则成为纺织机房区,将生丝加工成绸缎,销售至各地。宝华路一带还发展成了富商的居住区。

如今,随着“甫”所依附的西濠、西关涌、大观河纷纷消失,带“甫”的路名已经不再多见。第一津到第八甫,今已易名为光复北路、光复中路。不过,在永庆坊,与上下九(原上九甫、下九甫、第十甫之间)毗邻的西侧,依然可见十一甫西街、十二甫西街的路名。

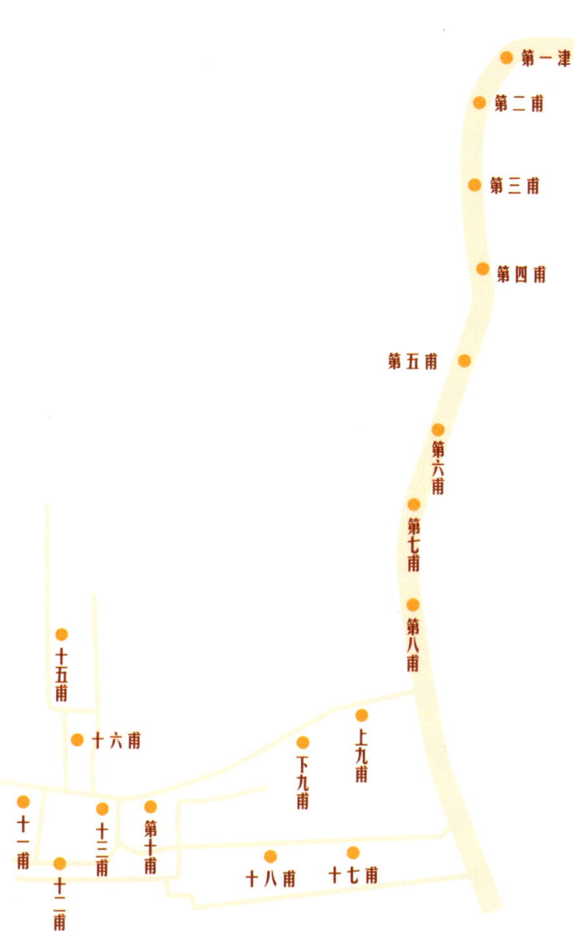

^ 清代广州地图中的“十八甫”（黄思勤制图）

温暖烟火气，沉淀两千年

第七章·第七节

回溯广州建城至今的2000多年历史，“商贸”一直是贯穿其中的主线。

广州曾被誉为“金山珠海，天子南库”，是我国有史料记载以来最早对外开放的贸易港口。唐代，蕃坊内外商云集，珍宝香料琳琅满目；宋代，各类专业街市纷纷出现，日用杂货与大宗商品一应俱全；清代，十三行“一口通商”，万船来埠，风头一时无两。一个“商”字，连通了这片土地的千年历史，为其带来了商业繁荣，也带来了充沛活力。

在广州，商业格局深深地嵌入城市的发展中。广州大学华南人文地理与城市发展研究中心研究员黄剑分析说，如今广州众多街巷名称以行业命名，其实反映了这座城市发展过程中的独有特色。米市街、绒线街、雨帽街、玛瑙巷、象牙巷、绣衣坊、纸行路、装帽街、猪仔墟、经纶大街、麻纱巷、东船栏、梳篦巷……同一条街上的商铺做的几乎是同一种生意。这与广州“行会”的发达息息相关，不仅推动了行业的精细发展，同时也形成了极强的影响力，进而辐射周边地区，以广州为中心的贸易集散地带动了东莞、佛山等地的发展，无形之中织就了一张区域经济网络。

一座城市的文化生态是在漫长的经济发展中逐渐酝酿出来的。广州的关键词不仅仅是简单的“商贸”，更是商贸背后透射出的开放、包容和烟火气。没有阶层之分、广交天下好友、讲究街坊邻里守望相助，这都是过去千年“开眼看世界”的经济大背景下积淀下来的烟火气。当下广州的发展离不开各种时代契机，更离不开那段历史的熏陶。许多遗迹虽已随历史隐没在时间的长河里，但地名依旧承载着历史的荣光和经漫长历史熏陶的广府精神，推动着这片土地上的人们不断开拓创新，书写新的历史。

∧ 航拍越秀区（苏俊杰摄）

第八章 粤菜之美在于和与合

文一曾繁莹 刘幸

粤菜之美，在于和与合。

粤菜是中国汉族八大菜系之一，源远流长，历史悠久。

早在远古时期，岭南古越族就与中原楚地密切交往，中原地区的饮食制作方法与各类食物传入岭南，与岭南本土的饮食风俗、丰富物产相结合，粤式饮食由此发端。

广东地处中西文化与南北文化、内陆文明与海洋文明之交汇处，诞生于其中的粤菜可谓海纳百川，既催生了粤菜向“脍不厌细，食不厌精”的高端精致化发展，又丰富了粤菜文化体系。

粤菜之所以长盛不衰，更在于拥有“鲜活生猛”的传统基因，不因循守旧，敢为人先。因时求变，正是粤菜永葆活力的密码。

粤菜之博采众长

第八章·第一节

广府饮食发端于秦汉

粤菜起源于汉代，由广府菜、潮州菜和客家菜三大流派组成，传统的粤菜多指广府菜，通行于以广州为中心的珠三角、粤西粤北部分地区和香港、澳门等地。但凡使用粤语的地区，都属广府菜文化圈。

早在2000多年前，南下的中原人与古越人就开启了第一次饮食文化的融合与创新。先秦时，古越人形成了一方独特的饮食风俗——杂食，“飞、潜、动、植”无不可食。秦统一岭南后，中原的烹饪技艺和炊具随之传入岭南，与岭南丰富的食材及饮食方式融合，这一时期，可视为广府菜的发端。

粤菜选材广博、做法多样，南越王墓中出土的随葬品就有海产、野味、乳猪残骨、蔬果等食材，以及鼎、鍪、甑、烤炉等种类繁多的炊具。这种融合的饮食风气，奠定了广府菜的整体基础，形成了独树一帜的风格，影响岭南地区长达2000多年。

唐宋独立菜系已具雏形

唐宋时期，作为南方府城重镇的广州同时是海上丝绸之路的始发地之一，海内外的香料、食材、药材等尽聚于此，给广府菜的融合与创新注入了动力。

唐宋时期，粤菜作为独立菜系已初具雏形，形成“南食”菜系风格，品尝海味海鲜、烹食求鲜的特点更鲜明。唐代刘恂的《岭表录异》中记载有“吃虾生”“姜葱蒸鱼”“炙烤蚝肉”等食法，还记载了海蜇的调味方法，非常讲究：“(水母）南人好食之。云性暖，治河鱼之疾。然甚腥，须以草木灰点生油，再三洗之，莹净如水晶紫玉，肉厚可二寸，薄处亦寸余。先煮椒桂或豆蔻生姜，缕切而炸之，或以五辣肉醋，或以虾醋，如鲙食之，最宜。虾醋，亦物类相摄耳。”

在唐宋之际，粤菜还与异域美食邂逅、融合。大量外商在广州蕃坊聚居，香菜、菠菜等外来食材成了人们日常餐桌上的食物。宋代的广州城有一座知名楼阁——海山楼（在今北京南路一带），可谓是宋代的“广东迎宾馆”。每年冬季，外商出海返航前，官府都会在海山楼上设宴款待中外客商。据《广州海事录》记载，宴会上的菜肴可能包括烧羊肉和玫瑰露，还有胡饼和毕罗等异域美食。果品则可能有波斯枣、槟榔（盐渍或香料制）。

“食在广州”始于清末民初

明清时期，广州作为通商口岸，齐聚于此的食材越发丰富，广府菜进入一个全盛发展的时期，用料更加多样。屈大均在《广东新语》中形容“计天下所有之食货，东粤几尽有之；东粤之所有食货，天下未必尽有之也”。

这一时期，珠三角地区特别是番禺、顺德、增城等地，大力发展基塘农业。水生植物，如“泮塘五秀”之莲藕、马蹄、菱角、茭笋、慈姑的产量大幅提高。鱼塘里可养殖水产，塘边又可放养鸭、鹅等。广府菜的选材更为丰富，选料越发讲究，务求鲜嫩质优，讲究原料品种：海鲜河鲜要求新鲜，家禽野味也要即宰即烹，蔬菜瓜果则须新鲜嫩绿，人们的诸多饮食习惯定型于此时。

据中山大学教授周松芳考证，虽然典籍中记载的广州饮食有逾 2000 年的历史，但“食在广州”之驰名始于晚清。广州“一口通商”时代，世界各地商贾聚集十三行。广州由此创下当时的诸多第一：第一间现代化茶楼三元楼诞生于十三行；广州著名老字号贵联升以满汉全席出名，108 款美食包罗了名菜正食、地方小食、四时佳果……

1860 年，广州第一家西菜餐馆太平馆开张，这也是中国第一家西餐厅。具备创新精神的广州人充分吸收融合西餐的长处，“广东的茶点及菜肴成中华一绝”——海派女作家程乃珊如是说。炸牛奶沙拉、奶油焗龙虾、干煎沙碌，都是西菜中做的新美食，莲蓉餐包、香芋餐包，也都是根据西点中的芝士包、奶油包改进的。

清代初期，鲁菜、川菜、粤菜和苏菜并称当时中国“四大菜系”。到清末，浙菜、闽菜、湘菜、徽菜四大新地方菜系分化形成，与原四大菜系共同构成中国“八大菜系”。

清末民初，粤菜再创繁荣。当时享有盛名的是谭家菜和太史菜。前者北迁后，发展成顶级官府菜；后者则将粤菜发扬光大，创始人江孔殷太史成为羊城食坛第一家，太史菜也成了粤菜发展史上的传奇，著名菜式“太史蛇羹”“太史戈渣”正出自其门下。

民国时期，文园、南园、谟觞、西园四大酒家横空出世，文园的江南百花鸡、南园的白灼螺片、谟觞的香滑鲈鱼球、西园的鼎湖上素赫赫有名。此时的广州，南北风味并举，中西名吃俱陈，高中低档皆备。点心泰斗何世晃指出，二十世纪二三十年代，在广州长堤一带，酒楼兴旺，名菜迭出，“食在广州”的招牌享誉海内外。

^ 特色粤菜（廖雪明摄）

粤菜『走出去』

第八章·第二节

百年前粤菜扬名上海滩

粤菜“走出去”，可追溯到1843年上海开埠。当时大量广东商人逐鹿上海滩。随即，大量粤菜馆走进上海。优质的粤菜出品迅速征服了文人墨客、普通百姓和客商，“食在广州”不胫而走。民国时期，上海粤菜最为发达。报刊上关于上海饮食的专门文章，数说粤菜的篇幅最多。海派粤菜更是获得“国菜”的殊荣。

20世纪80年代末90年代初，乘着改革开放的东风，粤菜的影响力从南粤向内陆扩大，华夏大地的许多大城市相继开设了粤菜餐馆。吃粤菜既成为时尚，也成为身份的象征。

在全国各大菜系擂台战中，粤菜多次夺冠。

1993年底，白天鹅宾馆第一次参加全国烹饪技术大赛。虽说“文无第一，武无第二”，但各菜肴依据一定的评分标准仍可以一分高下。该场比赛的成绩由展台和销售两项确定，白天鹅宾馆一出手就技惊四座，制作销售的菜点色泽抢眼、味道绝佳，令观摩的市民和行家拍手叫好，一举夺得最高荣誉——团体金牌。10年后，白天鹅宾馆再次出征全国烹饪技术大赛，再获团体金牌。

广州美食令人神往不已。林先生生活在杭州，自称是个吃货，自从看了央视纪录片《舌尖上的中国》和《寻味顺德》等美食纪录片后，一直对粤菜念念不忘，特别是对片中展示的老西关的一家竹升面店印象深刻。一次，他趁出差广州的机会，专程“按图索骥”跑到那家竹升面店去“帮衬”（光顾生意）。不料，这家竹升面店门庭若市，人们往往要排上好几百米长的队，才能尝到美味。虽然耗费了时间，但林先生却认为很值得，不枉此行。他在排队时还看到了竹升面独特的制作过程，为之叫绝。

食在广州，味在西关。林先生发现，老西关的美食小吃多达数十种，每一种都大有来头。沿街档口摆卖的牛杂、牛三星、炒田螺等小吃让他垂涎三尺，大快朵颐。有时为了分清艇仔粥与及第粥、拉肠与猪肠粉的差别，他会一口气全点上，大饱口福之余，也让自己几乎吃撑了。这些老西关小吃的多样性和美味，令他终于明白广州何以在全球有“美食之都”的美誉。

广式美食香飘海外

作为岭南文化的重要组成部分，粤菜文化秉承着岭南文化的精髓，自萌芽之日起就有一种海洋般博大的胸怀。

有人说：有海水的地方就有广东人，有广东人的地方就有粤菜。《中国粤菜故事》一书讲述，岭南位于欧亚大陆的东南端，扇形向海，这样的地理优势造就了岭南文化的海洋特质。

最早将粤菜带到世界各地的，是旅居海外的华侨。据《中国粤菜故事》记录，十九世纪四五十年代，广东人移民到美国加利福尼亚州，因思念家乡，加之务实勤奋，便通过开食档卖家乡菜来“炒更”（利用业余时间从事第二职业），无意间将粤菜引入当地，更让咕噜肉成为美国人熟悉的粤菜。

粤菜很快成为唐人街最红火的生意之一，1852 年的《上加利福尼亚报》曾写道：“在一段时间内，这个城市几乎所有的餐馆都是由华人经营的。”据史料记载，十九世纪六七十年代，有访美的清朝官员在日记中记录了他们在旧金山品尝到的粤菜：“食于远芳楼，山珍海味，烹调悉如内地。”2010 年，广州著名小吃炒河粉被美国《洛杉矶时报》网站评为年度十大美食的冠军。

类似情况发生在有华人移民的世界各地。如果说早期的粤菜传播是无心插柳，那么后来粤菜走向世界则是主动为之。随着广府人的足迹遍及全球，广式菜肴随之出洋。

岁月悠悠，“食在广州”香飘海外，生动讲述了广州故事，也印证了“文明因交流而多彩，文明因互鉴而丰富”的深刻哲理。“食在广州”不断厚植着城市文化底蕴，让城市留下香甜记忆，让人们记住绵绵乡愁。

^ 广式粤菜（苏韵桦摄）

粤菜之两种味道

粤菜孕育于市井民间。它有两种味道：一种是烹煮的味道，一种是生活的味道。

历史上，许多广府名菜美食风行一时，影响深远，有的菜肴技法传承至今，成为人们日常享用的美味佳肴。在许多广州人的家里，无论男女主人都能炒几手好菜，在家里做粤菜是寻常百姓家的寻常之态，许多人都能煲得一手老火靓汤。

在广州这方土地上，几乎每个人对吃都极有态度。不看门面，只重味道。如果味道不对，被冠上米其林餐厅的美名也未必好使，或许门可罗雀；一旦味道对头，即使是身居深巷老宅，也会门庭若市。这有点像务实的老广人，对人对己都不重外表，只看内质。

“镬气”是粤菜最好的代名词。美食家蔡昊依然记得过去到大排档吃饭的场景：厨房和大厨就在举目之内，看炭火燃烧，镬铲抛抛，食物在镬中不停翻炒，一盘小炒迅速出炉上台，他总是迫不及待地夹一筷放嘴里，还没来得及经过舌头的品味、口腔的咀嚼，那口热烫一下就滚到胃，那是烫到心说不出话的感觉。第二口，方才就着热度细细品尝个中滋味。

一边吃着热气腾腾的小炒，一边听着旁边师傅炒菜的声音，镬铲摩擦咣当作响，好像奏鸣曲在耳畔响起。这是大排档带给他的享受。

二十世纪八九十年代，广州夜宵迎来黄金时期。南海渔村的花卷、惠食佳炭炉啫啫煲、炳胜的鱼生都成为当时的“网红菜”。1983 年，广州第一批大排档的代表胜记开创了生猛海鲜“即点即称即宰即烹”吃法，吸引了不少名人明星来打卡。越夜越精彩，三四十张桌子排出长堤大马路，整条街都是饭菜香。在这样的夜宵大排档里，人情味、烟火气最为充沛。

走在广州的街边小巷，处处可见粤菜馆、粤菜店，烟火味十足，它们将广州城市文化中的创新、务实精神展现得淋漓尽致。

^ 炒河粉（王维宣摄）

第九章 良工熬得广府汤

文一张忠安 曾繁莹 刘幸

良工熬得广府汤，鲜美“头啖”争先尝。

靓汤天下闻名，广州人的岁月就是在熬着一煲又一煲的靓汤中度过的。知名广府文化学者饶原生说，广州人离不开汤，就像鱼儿离不开水一样。广州人对汤的喜爱，就如山西人喜爱醋、四川人喜爱火锅、陕西人爱吃肉夹馍一样，日日常伴，须臾不可缺。

广州人煲汤，会将各种食材融入一煲，让汤够味、够鲜、够新。一碗靓汤，浓缩了广州人对美好生活的向往，体现了这座城市兼容并包和敢为天下先的特质。

汤之渊源

岭南先民饮食不可无汤

岭南之地，暑湿所居。粤人笃信汤有消热去火之效，故饮食中不可无汤。广州人为何爱喝汤？这是一方水土养一方饮食的缘故。

广州自建城以来，一直围绕着江河水系，顺珠江岸线、水系变迁和地势而为。唐宋到明清，城外五步一河汊、十步一池塘，城内既有甘溪、司马涌等天然水道，又有人工挖掘的环城濠涌、六脉渠及其支脉等大小水道。“广之城，无之而非水也。”清代《白云越秀二山合志》这样描述广州城。名副其实的水城，滋养了世世代代的广府人，也催生了广府人爱饮汤的习性。

广府人爱喝汤还有另一重要原因。广州地处亚热带，背靠五岭，面朝大海，河流交错，山清水秀。然而，说到气候，包括广州在内的整个岭南地区都是又湿又热，人们易患疟疾、脚气、喉科病等疾病。故而，岭南在古代甚至被称为瘴疠之地。《黄帝内经》里说，南方生热，热生火。宋代学者周去非撰写的地理学著作——《岭外代答》则说：“南方凡病，皆谓之瘴。”为免受湿热瘴疠之苦，聪明的岭南人就地取材，熬制药汤，为了让味道好喝一点，便在药汤中添加一些肉、骨头等食材，各种老火汤便由此产生。

湿热之苦，北方人往往难以适应。淮南王刘安劝谏汉武帝慎征岭南，说：“南方暑湿，近夏瘅热，暴露水居，蝮蛇蠚生，疾疠多作；兵未血刃而病死者什二三。”不过，刘安不知道，当时盘踞岭南的南越王早已开始用汤水战胜瘴热、湿气。

据央视纪录片《南越印象·食在南越》报道，相传南越王赵佗初到岭南，脊背长疮，体困力乏，便命令军中食官专门搜集治疗秘方。食官深入南越民间，遍访当地名医，最终配制出一系列膳食汤料，装在鼎里，用柴火炖，短则数小时，长则经日炖煮，每日取汤汁供赵佗饮用。赵佗饮后果然身体状况大为好转，遂赐名为“尚汤”。

在西汉南越王墓和南越王宫署遗址中，考古学家发现了可用于煮汤的炊具，如底部有烟熏痕迹，内装有猪、鸡、鱼骨骼的越式铜鼎，以及青铜鼎、陶鼎等。古文物学者陈彦堂在《人间的烟火——炊食具》中提到，根据当时鼎的成分构成，可以推测出其是制作羹汤的工具。

《说文解字·鼎部》称：“鼎，三足两耳，和五味之宝器也。”南越王博物院的工作人员也表示，今天广州人喝汤的习惯，很可能就是从南越王那个时代流传下来的。

^ 广东靓汤（王维宣摄）

唐代岭南人待客必有“不乃羹”

唐宋时期，随着大庾岭驿道的开通、西江通航以及海上交往频繁，南北交往、内外联系更加顺畅，中原饮食、南越饮食、海内外饮食交相融合，汤渐渐开始成为广州人的待客美食。据唐昭宗时期出任广州司马的刘恂在《岭表录异》一书中记载，当时岭南人家特别流行喝“不乃羹”。它是一种用羊肉、鸡肉、鹿肉与骨头一起煲成的汤，肥浓鲜美，上菜的时候，肉捞出来弃之不用，只以汤待客。当时请客人吃饭，宴席上必有一道“不乃羹”，大盆摆在席上，大家用一个大勺子轮流取饮。人们认为，喝了这道汤，就没什么事办不成，故名“不乃羹”。

随着历史的推移，广州人对汤的喜爱愈加浓厚。南越王博物院展出的明清广州炊具中，就有用于煲汤的带把陶罐。南越王博物院的工作人员表示，当时，广州人煲汤的食材常因时令而变，春夏的汤料能清热解毒，秋冬的汤料能补充营养、调理身体。

如今，广州的地理环境虽已有了巨大变迁，但湿热的气候与古时并无二致。广州一年四季雨水多，三、四月份还常常会出现回南天，湿气颇重，这也是广州人离不开汤水的原因。

^ 汤料（王维宣摄）

汤里温情

第九章·第二节

阿妈一句“回家喝汤”陪伴无数人

有人说，广州人的血液里，三分之一是凉茶，三分之一是广式糖水，还有三分之一就是阿妈的“秘制靓汤”。

广州靓汤，天下闻名。老火靓汤有神奇的魅力，让人喝下一口就浑身舒坦，瞬间忘了疲劳。

曾经有美食家赞誉，汤是广东饮食文化的全部底蕴，更是广东男女老少日常生活的幸福源泉。从小到大，一家人围着桌子吃饭，一定要有汤才行，这几乎是所有广州人的共同记忆。一顿“住家饭”（家常饭），总是从喝汤开始。雾霾天、寒冬、酷暑、熬夜咳嗽、湿气重……什么时候、家人什么身体状况该喝什么汤，广州的妈妈了然于心。

广州人崇尚“药食同源”，以药入汤，壮身补脾、清热排毒，秘方层出不穷。广州食养坊创始人张卓思出身中医世家，对此深有体会。她表示自己是地道的广州人，对靓汤有非常深的感情，而外界对广州最大的印象之一就是美食、靓汤。因此，她的梦想就是把广州靓汤推向全国，把广州的汤文化推向世界。

要说最经典的广州靓汤，非老火靓汤莫属。老火靓汤主料多为鸡、鸭、排骨、猪蹄等肉类，辅料常包括中药材，如粉葛、甘草、薏米、莲子、鸡骨草等。老火靓汤之“老”在于时间长、火候独到。曾任中国食文化研究会副会长的赵荣光介绍，粤菜之所以如此吸引人，就是因为广州千年来传承的老火靓汤。

∧ 家常汤食材（苏韵桦摄）

广州人煲汤很有仪式感

煲一味老火靓汤，看似简单，其实真不容易。广州人煲汤很有讲究，首先要了解煲汤用火有文武之分，文火是小火、弱火，武火则为大火、猛火。老火靓汤要用文火煲约 3 个小时，“三煲四炖”之说由此产生。煲汤时，首先要将肉料放在有两三片姜片的开水中过一遍，叫作“飞水”，主要是除去肉中血水，去膻减腻。然后，将肉料捞起来用冷水冲洗，沥干水分。最后在砂锅中倒入适量清水，放入肉料和配料，加盖大火煮开再转小火煮 2 ～ 3 小时，至食材熟透，放盐，即可食用。

老火靓汤闻名遐迩。不过，在广州，还有炖汤、羹汤和滚汤等。总之，只要有汤，广州人的这一天便很满足。

熬的是汤，煲的是岁月。为了一口汤这么辛苦，广州人也十分乐意，因为一天不喝汤就感觉不自在，一个星期没有喝汤，就会觉得身体干涸，没有了灵魂。如果有人问广州人，谁家的汤最好喝，答案多半是“我家的”。妈妈那句“回家喝汤”，伴随了多少人的成长。老广州还有个习俗，未来女婿上门之前，女方父母都是用“饮汤”来表达是否中意，如果哪一天女孩子对男方说“今天我妈请你饮汤”，那八成就是“过关”了。饶原生说，很多外地媳妇嫁到广州，学会说粤语之前，已先学会了煲汤。想来，如果当年造字的仓颉是广州人，“家”字一定造成“屋顶下的‘汤’”。

让广州人想家，只需要一碗靓汤；让外地人对广州印象深刻，也只需要一碗靓汤。著名歌唱家王昆曾回忆，红线女在广州长大，习惯了每天喝汤，到北京开会时，汤也不能少。连王昆家里的阿姨都知道，红线女喝的汤必须用小火炖五六个小时。那时，北京人多用煤气罐，因此红线女到访之前，王昆家的阿姨总会先备好煤气罐。

对广州人来说，探望病人，最好带上一罐亲手煲的汤。王昆还讲过一个故事：2006 年，她一度身体很不好，在医院住了很久。红线女千里迢迢从广州飞到北京探望她，连行李都没带，就捧着一罐汤。她在王昆的病房里小坐了一会儿，又飞回了广州。当时红线女已经 80 多岁了，飞来飞去，就为了送一罐汤，她说这是“千里送鹅毛”。这令王昆全家特别感动。王昆说，她一辈子结交了很多艺术家朋友，红线女无疑是最好的朋友之一。

^ 广东靓汤（王维宣摄）

汤里乾坤

追求不时不吃，药食同源重时令

精心挑选食材，耐心等待几个小时，在广州人看来，只有这样才能煲出最美味、最健康、最贴心的靓汤。

说起广州靓汤，就不得不说广州人对食材的追求。广州人认为食材“不在贵而在鲜”，认为美味必须从鲜活中来，如生猛活虾、游水靓鱼。广州人对这类鲜活食材的要求非常高，甚至有些挑剔，比如，他们对海鲜的要求，不仅得是生的、活的，还得是“猛”的，那种气若游丝、奄奄一息的，是不受待见的，死掉的更是忌讳。因为广州人坚信，只有用上乘、生猛的食材，才能煲出真正健康的美味；只有这样的极致追求，才能煲出最美味、最健康、最贴心的靓汤。否则，汤就失去了灵魂。这就像广州人过日子一样，一朝一夕毫不含糊。

清人袁枚在《随园食单》里说：“大抵一席佳肴，司厨之功居其六，买办之功居其四。”大意是说，一席佳肴，厨师有六成功劳，买食材的只有四成功劳。在广州则恰恰相反，买办食材者要居头功。秉承着对“鲜”的追求，加上地理位置的优势，广州建起了辐射全国的海鲜水产品批发市场、蔬菜水果批发市场与干散货集散地。

广州有“不时不吃”的说法，就是根据时令而食，如吃虾有“清明虾，最肥美”的讲究，吃蔬菜更有“时菜”之称，“春吃芽，夏吃瓜，秋吃果，冬吃根”，北风起时菜心最甜。

药食同源，广州人深得其中奥妙。玉露琼浆比不上一碗靓汤，似乎没有什么疑难杂症是一碗汤解决不了的。每天早晨太阳还未露脸，广州清平中药材市场就活跃起来了，来逛市场的不仅有药材商、慕名访客，还有家庭主妇。据店家介绍，很多街坊都是常客，他们买药材，不是用来熬药，而是用来煲汤。

实际上，广州人将中药材煲入汤中，是有天时地利和祖宗之法的依据的。早在唐宋时期，广州就已经出现了中药材的海外贸易。明清时期，已有了茯苓、大黄等中药材从广州销往印度洋沿岸国家、欧洲国家的记录，且中药材已成为陕西、四川等地运往广州的主要货物之一。这让广州人对中药材有了更多选择，岭南也很早就有了以汤养生的良方。广东中医药博物馆藏有刻于北宋宣和四年（1122 年）的养生汤方拓本，是岭南地区现存的唯一宋代石刻药方，主要用于祛湿热，重在养生。此方仅有三味药，但拓本中有两味不清晰，仅有“甘草”可辨。据中医专家李珂考证，另外两味药应该是香附子和姜黄。汤方还介绍了剂量、炮制方法、服用方法及效验说明，比如香附子要去尽黑皮、微炒，姜黄要浸一宿、洗净去灰再焙干，而甘草要熏烤等。据拓本记载，当时有一个叫刘君锡的官员被流放到岭南，遭遇瘴疠之苦，有幸遇到百岁道人刘仲远，得此方熬汤，不仅除了瘴气之患，还活到了 90 岁。

兼容并包，天下食材融入一煲

有人说，广州人喝的这碗汤里，藏着一间中药铺、一座植物园、一座动物园和一点想象力；也有人说，如果给一口广式瓦煲，再给几个小时，广州人就能煲出一个汤的世界。这些话听上去有点夸张，却又那么的真实，广州人的汤煲就像开放包容的广州城市文化一样，敞开胸怀拥抱一切。

广州靓汤作为粤菜的代表，与岭南文化海纳百川的包容性一脉相承。广州新健汤茶食品创始人张新健对广州靓汤情有独钟。他认为广州人的汤煲里，有主料、有配料，有鲜货、有干货，有食材、有药材，可谓天下汤料融于一煲。

广州靓汤一般将各种不同汤料放入一煲，经过几个小时火熬，才够味、够鲜、够新。这也正体现了广州人兼容并包的品质。中国著名食品文化研究专家徐兴海说，汤文化最明显的一个特征就是“和”，既是和谐又是融合。赵荣光也曾表示，广州的靓汤与北方的美酒有异曲同工之妙，都是中国“和”文化的体现。

如今的广州靓汤，到底“和”进去了多少“味”？没有确切的数据。但广州靓汤确实调和了食材与药材，融合了南北与中西的美食精华。在广州靓汤中，你可以尝到广州的桂圆、香港的花胶、台山的红丝线、湖南洞庭湖的莲子、安徽六安的石斛、河南焦作的山药、黑龙江密山的红豆。当然，还有山西平顺的党参、宁夏吴忠的枸杞、新疆和田的红枣及海外的各种优质食材。食在广州，名副其实。

广州人喝汤也有讲究。“饭前喝汤，苗条健康”，先上汤、后上菜，几乎成为广州宴席的固定顺序。张新健表示，先喝几口汤，既可增强饱腹感，防止空腹过量用餐，又能提前激活味蕾，润滑肠道。无怪乎，明末清初美食家李渔在《闲情偶寄·饮馔部》中说：“饭犹舟也，羹犹水也；舟之在滩，非水不下，与饭之在喉，非汤不下，其势一也。”

^ 广式煲汤（苏俊杰摄）

勇尝『头啖汤』

第九章·第四节

粤菜之所以长盛不衰，正在于粤菜骨子里拥有“鲜活生猛”的传统基因，不因循守旧，敢为人先的文化品质。何以见得？从“饮‘头啖汤’”的广府口头禅里可见一斑。充满智慧的广府人善于将人生的大道理以日常饮食作比喻：第一口汤总是最新鲜的，要尝到最新鲜的第一口汤，就要敢于争先创新，这便是先锋意识，也是创新、革新意识的原点。因时求变，是粤菜永葆活力的密码。

千年粤菜史，正是一部不断勇尝“头啖汤”的发展史。粤菜以“鲜活生猛”著称，一如那些鲜蹦活跳的食材——河鲜、海鲜。广东物产特别丰富，生鲜唾手可得，便于烹而食之，由此养成广东人喜好鲜活、生猛的饮食习惯。20世纪80年代，广东出品的一部电影《雅马哈鱼档》，讲述了广东人如何将生猛的河鲜、海鲜销至全国各地。

早在20世纪40年代中末期，广州一些知名酒楼纷纷推出“星期美点”以吸引大众。“星期美点”意指每周变换推介一批精美点心应市。当年，点心师傅们博采众长、融会贯通，创作出了一批新式点心，它们囊括了宫廷面点、京津风味、姑苏特色、淮阳小吃及西式糕、饼的技艺，许多经历时代考验存留了下来，成为今日我们所说的“传统点心”。

广州餐饮界拥有一批历史悠久的老字号品牌：广州酒家、陶陶居、北园、泮溪酒家、大同酒家……它们是粤菜历史长河中的明珠，如今光彩不减，在探索中成功走出了新路径。

百年老字号陶陶居走出西关，将全手工现场制作的茶点带进购物中心，为年轻人提供了一个品尝正宗茶点的好去处。“95

后”广州女孩谢小姐有一张陶陶居吃饭必点清单：冰镇咕噜肉、卡珍芝士焗糯米鸡、啫啫生菜煲……“惊喜”是她对陶陶居的第一感受。

陶陶居不断创新出品，但同时致敬传统手艺。如卡珍芝士焗糯米鸡，厨师在传统糯米鸡的基础上进行重组，在口味上融合了秘制卡珍芝士酱，在摆盘上借鉴了西式的比萨造型。糯米鸡保留了传统的荷叶味，还多一份神秘感，食客唯有拨开芝士才能见“糯米鸡”真身。

短短几年，陶陶居已在全国布局，主要集中于北、上、广、深，门前排队是家常便饭，第十甫路总店更是一位难求。总店外的骑楼、西关老街，店内的趟栊门、满洲窗、花阶砖，吸引无数年轻人前往打卡。

广州酒家新生代门店同样注重提炼广府文化的风韵气质，灵活运用现代建筑技术，融合满洲窗、水墨灯饰、镬耳墙等岭南特色传统建筑元素，打造广府文化场景的沉浸式体验。

粤菜文化在推陈出新中展现出勃勃生机。新生代的粤菜厨师将简约、绿色、人文、交流等理念注入粤菜。在法国鹅肝上叠起潮汕卤水，用意大利香醋替代白醋中和油脂，让鱼子酱来做配角……这些是新派粤菜厨师 Seven 的作品，他用跳跃的思维，创新研发现代粤菜，令食客耳目一新。

据广州酒家集团总经理赵利平介绍，广州酒家联合文史、饮食等领域的知名专家学者，广泛搜集历史文献，深入挖掘经典菜谱，先后开发了满汉大全筵、五朝宴、南越王宴、民国粤味宴等经典文化筵席，以此阐释“食在广州”的文化魅力。

粤菜，在美学上一直孜孜以求。备受赞誉的糖醋菊花鱼是白天鹅宾馆原行政总厨庄伟佳的得意之作。作为世界级烹饪大师、广东十大名厨之一，庄伟佳在学习西方摆盘之后，交出了糖醋菊花鱼这道粤菜美学作品——用芦笋作菊花茎，青瓜作叶，番茄汁与茄汁等作“泥土”，以鲩鱼或者石斑鱼作怒放的菊花。据说当时的加拿大宾客看到这道糖醋菊花鱼，惊喜不已，不忍下箸享用。

粤菜的就餐环境也在与时俱进。精美的粤菜，配以典雅而精致的园林，相互映衬，互相成就。北园、南园、泮溪酒家、白天鹅宾馆……优美的餐厅环境更让各路食客纷至沓来，流连忘返。

第十章 一盅两件叹世界

文—曾紫莹

一盅两件叹世界，人间至味是清欢。

在第七版《现代汉语词典》中，关于“饮茶”一词的说明中有这么一句“粤港一带流行的生活方式”。一盅两件是对“饮茶”更为形象的表达。一盅两件慢慢“叹”，几百年来的风俗民情酿造了广府特有的茶楼文化。

“得闲饮茶”，一句广州人的口头禅里，饱含着广州人的处世哲学；饮茶又称“叹茶”，一字“叹”，道出广州人的乐天态度。茶靓水滚，点心精美，一斟一叹，一品一尝里，盛放着人情味道，安放着乐观豁达。

现如今，饮茶文化已然成为一张勾勒城市品格和人文神韵的最佳名片，广州市广府饮茶习俗入选广东省人民政府第八批省级非物质文化遗产代表性项目名录，随着“yum cha”（饮茶）和“dim sum”（点心）扬名海内外。

『叹早茶』始于清代『二厘馆』

周末，广州人的一天，从饮早茶开始。

凌晨5点，城市尚未从清梦中苏醒，广州不少酒家的后厨已点起人间烟火。点心师傅正在为食客们准备早茶茶点，各式食材在他们灵巧的指尖蜕变，在“离散聚合”中化为早茶百味。

清晨8点，荔湾文昌南路上的中华老字号——广州酒家门前已有街坊等候。大门一开，老街坊们径自走向自个儿熟悉的位子。他们中的不少人数十年如一日，每日清晨“守”在同一个座位上“叹早茶”。铅笔唰唰一勾，还是那几味合口味的点心：虾饺、排骨、叉烧包……与熟悉的服务员打声招呼，展开当日的《广州日报》，在熟悉的座位上，品味着熟悉的味道，这就是老广们一天的开端。

热气氤氲的粤点、谈天说地的街坊，是广州茶楼里不变的场景。无论在充满生活气息的老城区，或是在核心商圈，清晨的茶楼往往都一位难求。

然而，将时间回拨到清代咸丰、同治年间，“饮茶”可是另一番景象。清末的盛夏，广州码头上，脚夫和工人头顶烈日，往返数次卸货搬货，如珠的汗水打湿了脚下的土地，喉咙干渴得直冒烟。此时，他们最需要的是一口茶水。二厘馆这类茶寮的出现，正解了他们的燃眉之“渴”。这是专为当时劳动者而设的休息交流处，因茶钱仅收二厘而得名。

《清稗类钞》中如是描述：“粤人有于杂物肆中兼售茶者，不设座，过客立而饮之。”

二厘馆是广州早茶馆的雏形。开设二厘馆的店家很精明，很快发现工人喝茶之余也有用餐需求，于是开始供应肉包、点心等。其实，不只码头，二厘馆还设于肉菜市场等大众聚集之地，比如鱼栏、果栏、街市等。

树皮做顶，中间用竹木搭建，下面摆几张木台木凳，厨房设在门口以招徕食客。食物就大大咧咧地置于炉上，有松糕、芋头糕、大包、大粽等物美价廉又能果腹的茶点，客人自选取用，吃完埋单。这就是一盅两件最原始的样貌，散发着浓浓的草根气息。“一盅”，指泡茶的茶盅，一般为大耳粗嘴瓷壶配个瓦茶盅，茶叶常用“粗枝大叶”，涩而无茶味，只为解渴之用；“两件”就是随意的两笼点心。

不久后，茶居出现，它是二厘馆的升级版本，提供的茶饮和点心都更为丰富和讲究，“居”字已经道出其舒适度，但来往茶客仍多是做建筑和搬运的工人。茶居成为他们会工友以及唠家常的歇息之地。茶居之后，广州才进入茶楼时代。

^ 广州酒家早茶点心（庄小龙摄）

贸易繁荣催生饮茶之风

第十章·第二节

饮食之俗曾被称为“上高楼”

“有钱楼上楼，冇钱地下踎”，道出了当时饮茶待遇的云泥之别：有钱人可以上三层楼的茶楼叹茶，无钱只能在茶寮茶居中蹲坐。

茶楼之说从何而来？这与清光绪年间开业的三元楼大有关系。茶楼是在广州贸易发展的时代背景下应运而生的。当时，十三行外商云集。牙行为代办关税、商品购销等业务而设宴款待外商和生意伙伴，需要有雅致的品茗用餐之处。二厘馆显然无法满足十三行行商和外商之需求，于是便有了脱离市井气、装修金碧辉煌的三元楼。

三元楼是广州第一间较有规模的现代化茶楼，拥有三层建筑，陈设典雅，在当时一众低矮的茶肆茶居中脱颖而出，因而被称为“高楼馆”，“茶楼”之名中的“楼”字正从“高楼”中来，饮茶之俗逐渐被称为“上高楼”。今日第十甫路上高耸的莲香楼、陶陶居，当年也是跟风而建。清末民初，寓意“事事如意”的“如”字号系列茶楼在坊间出现，当时更有“九条鱼（‘鱼’通‘如’）”的名号：惠如、天如、三如、太如、多如、东如、南如、瑞如、福如等。此外，一些茶居也紧跟时代步伐，扩大经营，转变为茶楼。

鲁迅当年也躲不过广州点心的诱惑。二十世纪二三十年代，广州茶楼如雨后春笋般发展起来。根据《鲁迅日记》记载，当时鲁迅到过的广州茶楼馆子有 25 家，其中包括至今尚存的陶陶居、南园和北园酒家。许广平曾说："在广州，我们也时常到专门的茶室去吃茶点，那些点心真精致，小巧，并不太饱，茶又清香，都很合口味。而生活除了教书之外，着实单薄，遇到朋友，就不期然地也会相约去饮茶了。"

著名作家巴金的《旅途随笔》中则有一段在陶陶居饮茶的趣闻："席间有位老妇人掀帘而入，还带有两位女子进来，请他们睇相论银。"后来，巴金才知晓，原来那是"相睇"（粤语，即相亲）的场景。可见，一盅两件也成就了不少姻缘。

在茶楼的鼎盛时期，茶楼不仅可以办宴会，还可以唱堂会。茶楼与茶点，构成饮茶习俗的载体，并在民间饮茶习俗的基础上，创造出具有广州特色的茶楼文化，推动了广州饮茶习俗的创新发展。据《中国饮食文化史》记载，二十世纪二三十年代，饮茶之风在广州大盛，逐渐扩展到广东的其他地方。

随着饮食业竞争日渐激烈，"茶楼不摆宴，酒家不做饼"的传统被打破，原本河水不犯井水的酒家、茶楼开始互相接纳，发展出"三茶两饭"式。创立于1880年的陶陶居在1925年打破行规，成为最早将茶楼和酒楼开在一起的饮食企业。1944年，广州酒家在《行商情报》刊载"早午供应新型美点"的广告，开创了广东大酒家办早茶的先河。

^ 精致的粤式点心（庄小龙摄）

广式茶楼现身海外

中华人民共和国成立后，广州饮食业迅猛发展。已故粤点泰斗陈勋师傅曾回忆，1956 年广州举办第一届名菜美点展，展出和介绍的菜品多达 5457 种，仅点心就有 825 种。1977 年，“点心状元”罗坤在泮溪酒家接待日本访问团，应对方要求，一个月内制作了超过 1000 款点心，每天不重样，对方连续吃了 7 天后心服口服，大赞广式点心名不虚传。

广府人“叹茶”是一种全方位的体验，不只茶水、茶点花样百出，更有对氛围、环境的要求。园林式酒家就是广州饮食的创举，是将粤菜粤点与中国传统园林相互结合的文化产物。20 世纪 60 年代，郭沫若曾到北园饮早茶，即席挥毫赠诗一首：“北园饮早茶，仿佛如到家，瞬息出国门，归来再饮茶。”美术大家刘海粟 87 岁时曾在北园酒家留下“其味无穷”四字，如今到北园酒家，还能见到这四字。

改革开放后，全球海鲜进入广州市场，推进点心馅料多元化，点心朝着色香味俱全的方向发展。各类茶点推陈出新、精美繁多，形成了广式饮茶的特色和美食风格，也促进了广府饮茶习俗的繁荣发展。

20 世纪 80 年代是广式夜茶的鼎盛时期。饶原生提出，人人茶楼开创了 24 小时饮茶风潮，丰富了人们的夜生活。后期，随着夜生活日益多元，夜茶渐渐淡出历史舞台。老广卢先生特别怀念二十世纪八九十年代一边听着粤剧、一边叹茶的光景：在大同酒家，下午有粤剧听。此外，爱群、荣华楼也有叹茶听粤剧的节目。

2012 年，全日供应广式茶点的点都德出现，再度掀起了全天候饮茶热。如今，早午茶仍旧是茶市的主流，但点都德带起的“三茶”模式也蒸蒸日上。

伴随广东人向外开拓的足迹，广式茶楼已普及至全国各省市，甚至在海外也能寻觅到广式茶楼的踪迹。英语单词“yum cha”是粤语“饮茶”的音译。广式茶点深受外国人喜爱，英文单词“dim sum”就来源于粤语中的“点心”一词。

在全球唐人街餐饮中，大多数中餐馆都开设有早茶，广府饮茶习俗承载着海外华人思乡念祖的温情，也成为外国友人通过美食了解中国的窗口。

∧ 广式饮茶文化（陈忧子摄）

茶俗谦谦君子风

“得闲”尽显自在怡然

潮州人的工夫茶更讲究仪式。相比之下，广式饮茶更带有一种怡然自得的随意。与潮州工夫茶以品茶为主不同的是，老广饮茶，茶是配角，粤点为主角。

广州人善饮茶，有着悠久的饮茶史。最早记载可追溯到东汉时的《桐君采药录》：“南方有瓜芦木，亦似茗，苦涩。取其叶作屑，煮饮汁，即通宵不寐。煮盐人惟资此饮。而交、广最所重。客来先设，乃加以香芼辈。”这足见广州地区很早就有以茶敬客的礼俗。南朝沈怀远《南越志》载：“天井冈下有越王井，深百余尺，云是赵佗所凿。诸井咸卤，惟此井甘。泉可以煮茶。”其更是将广州人饮茶之俗上溯至南越国时代。

宋代开始，饮茶风盛。随着大批文人名士来粤，中原茶礼茶俗传入广州地区，并深入民间生活。《番禺记》载：“（安期炼丹井）数十年不汲，其味常甘，煎茶浸果，有金石气。”这表明当时广州地区的人们已善用井水煎茶。

早期，广式茶市确实以茶为主，“一盅”茶不断续水，而“两件”点心是陪衬。岭南茶事之盛，与岭南自古产好茶息息相关，其中最负盛名的当属英德红茶。此外，得益于清代乾隆年间“一口通商”的优势，当时全国各地出产的好茶叶都经过广州外销，为“一盅”开阔了眼界，提供了多元选择。

好茶须好水。清代光绪年间，陶陶居开业时以白云山九龙泉水泡茶作为特色，不惜重金雇人每日远赴白云山接载九龙泉水，进入市区以后改用红色扁担挑红色木桶，桶上印有“陶陶居”“九龙泉水”等字样，列队走街串巷。“陶陶烹茶，瓦鼎陶炉，文火红炭，别饶风味”，陶陶居茶风至今为人传颂，用红泥小火炉，烧乌橄榄作炭，以九龙泉水煮沸后沏茶，专人侍候于房中雅座。

到了二十世纪二三十年代，广州的茶楼与酒楼逐渐融合。本是主角的茶水谦恭让位，逐渐成为配角；原本佐茶用的粤点，一举拿下“C 位”（中心位置），并在历代粤点师傅的共同努力下，越发精致多样。

广式饮茶充满仪式感

广州人饮茶，仪式感满满。首先要斟茶涮杯：筷子倾斜立于碗中，滚烫热水沿筷子滑下，开涮。筷子涮完轮到茶杯。一切清洁工作结束后，将水一股脑倒于水盅里。再滚水沏一壶靓茶，开始“叹茶”、吃点心。与长者一起饮茶，沏茶的任务就是后辈的，沏茶的人要掌控全场的饮茶节奏，不宜斟得太频繁，亦不可吃得开心而忘了沏茶。茶汤之浓淡冷热，全凭此人细心观察。受茶者，手作拳状，手指内扣，轻敲桌面以示感谢。这是饮茶中的“叩谢”礼仪。广州人的分寸、规矩和情理的细腻，尽藏其中。

有些广式茶俗十分有趣，比如“丌盖续水”：当茶壶中的水用完时，食客会将壶盖打开，半放于壶边，眼观八方的服务员看见，自会上前加水。这茶俗源自旧时故事：曾经有一富家子弟上茶楼饮茶，一手持私家茶壶，一手持鸟笼。不知为何，将鸟笼中的画眉放于茶壶内，服务员服务过于周到，为客掀茶盖加水，不料放走了鸟儿。画眉价高，服务员自少不得挨一顿骂。自此，便有了“开盖续水”的行规。

∧ 广式早茶（陈忧子摄）

粤点创意无止境

第十章·第四节

千种美点恰如粤食“万花筒”

一盅两件，所谓“两件”指的是两件点心。广式茶点精美多样，分为干、湿两种，干点有饺子、粉果、包子、酥点等，湿点则有粥类、肉类等，其中又以干点名声最盛。在广式早茶中，虾饺、干蒸烧卖、叉烧包和蛋挞是最受民众喜爱的茶点美食代表，被誉为“四大天王”。

点心之所以让老广着迷，是因为它外形迷你，却饱含美味。其内里乾坤，则是一代又一代粤点师傅所造就的。由外皮以至馅料，由拌馅以至蒸制，每一道点心的每一个制作环节都有其标准，也考验着点心师傅的手艺。

20 世纪 20 年代末期，广州陆羽居茶楼点心师傅郭兴首创“星期美点”，不与长期美点重复。已故粤点泰斗陈勋师傅当时掌管六国饭店点心部，他曾说，20 世纪 40 年代末，广式点心进入发展繁盛期，当时各茶楼之间竞争激烈，为了招揽食客，许多上档次的茶楼争相推出“星期美点”。那时，陈勋每周的“星期美点”最少出 16 款点心，包括 8 咸 8 甜；更多时候是 20 款，包含 12 咸 8 甜或者 10 甜 10 咸。相较于“四大天王”这类长期美点，可以说能真正体现一家茶楼的特色与创新水平的，就是“星期美点”。

“星期美点”考验点心师傅的创意和开拓力。每周总有一天，广州各大酒楼、茶楼的点心部大厨齐聚于莲香楼，一边饮“夜茶”一边“华山论剑”。各家拿出当周的“星期美点”相互竞争，交流研发经验与市场接受度。“星期美点”是粤点师傅们创造力的结晶，当年的许多新品种经历时代考验，最终存留下来，比如陈勋师傅的玉液叉烧包。

而将点心推上筵席成为主角的，是“点心状元”。泮溪酒家罗坤师傅开创了点心宴的先河，更创制了“象形点心”，其得意之作绿茵白兔饺是在虾饺基础上变化而来的造型点心，至今仍为业界所传颂学习。后来，他的徒弟们将象形点心发扬光大，变化出各式惟妙惟肖的形象。

今日，时不时有餐厅联合粤点大师推出复古点心。2019 年，广州亚洲美食节期间，广州日报与广州五大粤菜名店的五位粤菜大师联合研发了 10 道广府历史文化名菜，其中“锦袍赤绳”和“月影燕侣”正是两款怀旧点心。“锦袍”“赤绳”原名为“脱衣换锦袍”与“赤绳欣系足”，前者为香蕉去皮，裹上脆浆入油镬中炸制而成；后者是用鸭肠绑住鸭脚、鲍鱼、瘦肉、笋制作而成。2022 年，广州博物馆与中国大酒店联手推出“消失的点心”，珍贵的旧式点心重出江湖，包括咸点、甜点各 10 款，其中大部分点心来自 20 世纪 30 年代的《制面、糖果、油器、饱饺、点心、糕点、冰室各种品食类制法》一书。以“龙凤灌汤饺”为例，它在点心的世界里地位超群，十分考验师傅手指上的“绣花功夫”：要用薄薄的饺子皮包裹大量的馅料，还得经过长时间的蒸煮，饺子皮上连针眼般的小孔都不可以有，而且饺子皮要厚薄均匀。要制作出一只既有外观又有内涵的灌汤饺，背后的功夫以年计算，而能上案板做灌汤饺，则是厨房师傅对徒弟的一种肯定。

广式点心品种相当丰富。据《中国饮食文化史》记载，到20世纪80年代，广式点心已达到4000种以上。泮溪酒家王金镜师傅当年师从罗坤师傅，1982年他作为广州市政府派往友好城市日本福冈交流的厨师之一，在接受当地电视台采访时被问及能做出多少种点心，他答："我能做2000种，师傅罗坤至少可做4000种。"这不是夸张，粤点的皮有30多种，馅料有40多种，排列组合，不断变化，上千种不在话下。无怪乎广式点心被称为粤食中的"万花筒"。

广府饮茶习俗一方面以开设茶楼、开展师带徒和烹饪教育等方式实现群体传承，另一方面，传统制作工艺与当今生产科技的革新结合，促进了传统广式茶点的创新性发展，使广式茶点的技艺得以保护和传承。

^ 粤菜特色点心（杨耀烨摄）

粤味点心缩影：虾饺

粤点多种多样，口感风味不尽相同：干蒸烧卖有独特的软糯香甜；叉烧包的肉馅，咬下去香气四溢、肉汁横流；传统的酥皮蛋挞，外酥内嫩，香甜可口，老少皆宜……但若论粤点中最为人熟知的，莫过于“四大天王”之首的虾饺。

“倒扇罗帷蝉透衣，嫣红浅笑半含痴。细尝顿感流香液，不枉岭南独一枝。”这是粤点泰斗何世晃师傅为虾饺所撰的七言绝句。寥寥数句，道出了虾饺的特点：虾饺皮如同蝉衣般轻而薄，嫣红的虾肉若隐若现，一口咬开来，汁液流淌，鲜香满口。

虾饺，是外地朋友融入广式生活的敲门砖，是广州生活的缩影。透过一笼小虾饺，我们能看见粤点守正创新的魅力。

守正，在于坚守饮食核心内涵。前顶状如梳篦，后凸神似饱月，这就是传统粤式弯梳虾饺的真容。无论工业化如何发达，不管多少款点心可付诸工业生产，唯独虾饺是不行的，玄妙就在于饺身的褶皱上。若是虾饺能达到13道褶纹，堪称精湛。虾饺晶莹剔透而不黏口，皮是关键。不同于北方饺子皮用面粉，虾饺皮用的是澄面加生粉。澄面是把小麦面粉中的面筋（蛋白质）洗去后余下的淀粉。“拍皮”须用薄身“拍刀”，过于锋利的菜刀是万万不合适的。用掌心将小面团按压成橄榄状，用阴力压“拍刀”一转，小面块即刻散成碗口大的薄皮。美食家江献珠的《中国点心》描述了捏虾饺的场景：折饺的师傅也了不得，接过拍好的皮子，置于四指上，放入馅料，覆上，面皮上面那截占 2/5，下面的占 3/5，十指轻捏，便束褶成弯梳形的虾饺。

粤点之创新变化，在虾饺上展露无遗：避风塘虾饺、功夫汤虾饺、黑松露虾饺、金汤麻辣小龙虾虾饺……粤菜与粤点本就互通，避风塘虾饺正是“中菜入点”的探索。工夫汤虾饺更是颠覆了虾饺的品鉴方式——这款虾饺是喝的，虾饺浸润在工夫茶杯内的汤里，食客连汤带虾饺一起品味，汤可以是老鸡汤，或是松茸菊胎炖水鸡，都相当匹配。

西式食材、高端食材为粤点提供了更为丰富的原材料，意大利黑松露、西班牙墨鱼汁、澳大利亚和牛如今都能成为虾饺馅。健康食材在粤点中的运用也十分充分，火龙果、菠菜等健康果蔬都能成为点心的色彩，藜麦、燕麦在馅料里更为常见。

^ 广州酒家早茶点心（庄小龙摄）

广府生活情调尽在一“叹”间

“叹茶”一事仿佛自广州人生来就流淌在他们的血液里，烙刻在他们的基因里。

70多岁的老广卢先生“叹茶龄”少说有60多年，自打记事起，他便随家人上茶楼叹早茶。小时候，晨间天边刚泛起鱼肚白，还在酣睡中的他一听大人说要去饮茶，立刻如弹簧一般从床上弹坐起来，迅速穿好衣服，拖着弟弟妹妹跟随爸妈出门。那时他家住在海珠南路，去大同酒家非常近，不一会儿就到了。

早茶时段的大厅，人头攒动，人声鼎沸。推点心车的大叔那高分贝的吆喝声、茶客的聊天声和笑声、清脆的翻报纸声、茶杯碰撞声、孩子们的嬉戏追逐声……多声部交杂，场面沸腾。那时，一笼笼的点心都装在小推车上，掌管小推车的阿姨一登场，所有的小孩都奔上前去抢蒸笼。这是拼手速的时候，“我出手快，经常能抢到我喜欢吃的牛肉肠、牛肉丸和蒸排骨。”卢先生记得，当时的点心计费方法类似今日的旋转寿司，按碟子颜色计费。黄色、绿色和红色碟子，分别对应5分钱、7分钱和1角钱的收费。举箸游走于大小蒸笼之上，大快朵颐后，食客唤服务员来清点碟子数量，清点完毕，大嗓门的大叔往前台大喊一声“5号台，两毫七（两角七分钱）”，食客自个儿就拿着单子去埋单。孩时的他，最期待的就是饮茶，每周末都盼着爸妈带着去“叹世界”。

20 世纪 80 年代，茶楼中开设了粤剧节目，这给前来消费的茶客提供了大大的增值服务。卢先生是无数拥趸中的一员。粤剧表演通常在下午 2—4 点，他记得，当时一个大厅里足足容纳了 250 多人，连电梯口都坐满了人。问及 20 世纪 90 年代的茶价，卢先生记忆犹新：爱群 13 楼的餐厅茶价 3 元，最低消费 8 元；海珠花园茶座茶价 5 角，最低消费 2 元。

退休后，卢先生更是开启了日日“叹茶”的好时光。这些年，得知泮溪酒家 2 楼有粤剧茶座后，家住同德围的他不嫌奔波，日日搭车半小时，每日下午 2 点 15 分（周末 2 点半）准时来报到。楼梯口一上来，对着中间舞台、稍微靠后的那张台，已经成为他的固定打卡点。一壶铁观音、几件酥食包点，两小时的下午茶时光，他都在抑扬顿挫的唱调中悠悠然度过。

在这座生活气息满满的城市里，得闲饮茶并非长者专利。年轻群体是午间茶市与夜茶的主力军。

工作日的中午，尽管只有两小时休息时间，白领麦女士依旧约上同在附近工作的友人，到广州酒家珠江新城富力盈通店“叹茶”。她最喜欢靠窗边的小圆桌，其次是时尚卡座。她爱喝茶，爱吃点心，这里的创新粤点原创脆皮梅子叉烧包是她的至爱。

“点心个头小，分量恰当，我们几个朋友一起吃，还能多点几样，一同分享。”麦女士觉得，比起晚间的觥筹交错，午间的茶里漫谈，让她更怡然自得。中午，在门店里，最多的是年轻朝气的面孔。口味新颖的粤点更得他们青睐，比方黑松露素粉果、避风塘炒芋头糕等。这也成了门店不断推陈出新的动力。

周末的叹茶时光，广州人则会留给家人。陪父母长辈上茶楼饮茶，成为许多人周末清晨活动的必选项。中华民族所推崇的敬老与奉养之孝道，在广东早茶中展露无遗。

从广州的饮茶里，可窥见人生百态。茶楼里，是天伦之乐的汇聚处，是共聚友情的最佳选择点，是业余消遣的好去处。坊间八卦、生意洽谈、朋友间联络感情、男女拍拖等，都可以在茶楼中进行。

“得闲饮茶”，这绝不是一句不分场合不分关系的口头禅。实际上，唯有亲密的朋友间，才会以饮茶相邀。从饮茶里，可以看出人际关系的亲疏，这份亲疏不仅在地理关系上，更在人情关系间。饮茶，原本就是一件褪去繁文缛节的随心之事。

粤语“叹”，意为享受，感叹美好。一个“叹”字，道尽了广州人懂生活、爱生活的乐天态度。广州人的精气神、豁达与包容的人生态度，尽在这一斟一饮、一抿一品间。

^ 围桌而坐，一壶茶，几件点心，一段惬意的午后饮茶时光（陈忧子摄）

后记

广州，既是创新活力之城，也是历史文化之城。建城2200多年来，广州积淀了深厚的历史底蕴和文化内涵，是岭南文化的中心地和发源地之一。

2022年伊始，广州日报开辟《读懂广州·粤韵周刊》专栏，挖掘并展现岭南文化从涓涓细流到江河汇流的壮阔历程。为此，创作团队立足广州，奔赴佛山、中山、东莞、惠州、阳江、梅州、潮州、汕头、韶关等广东省内城市以及云南、四川等地，将分散在各地、各个领域的历史遗迹、历史事件、代表人物、古街古巷、名山大川，以及日常生活中的风物习俗、饮食习惯、文化娱乐等广府文化符号串珠成链，探寻那些至今仍闪烁光芒的人文精神，内容涉及自然山水、传统风俗、文化艺术、风土人情、饮食特色、城市建设等。

专栏推出三年多以来，受到读者一致好评。为了更好地传承弘扬岭南文化，我们在《读懂广州·粤韵周刊》的基础上编写了这套“老城市　新活力”丛书之“带你读懂广州”书系。本书系共分为五册，分别是《带你读懂广州山脉》《带你读懂广州水脉》《带你读懂广州城脉》《带你读懂广州商脉》《带你读懂广州文脉》，以帮助读者更为全面、系统地了解广州的过去和现在。

本书系在采写过程中，得到了王元林、叶曙明、刘小玲、刘金山、孙永生、纪德君、李宏卫、冷东、陈泽泓、陈鸿钧、赵伟斌、胡巧利、饶原生、黄剑丰、黄海妍、梁凤莲、程存洁、曾应枫、曾新、湛汝松、颜晖、潘剑明、禤文昊等众多学者、专家（排名不分先后）的帮助和指导，在此致以诚挚的感谢。

我们还要特别感谢曹子锵老先生，虽然已 90 多岁高龄，仍满怀热情地为本书提出宝贵的修改完善意见。

本书系尝试用文化视角、媒体语言来解读广州城市历史文化，大部分内容仍保留作品原有的新闻叙述风格，因此语言风格和编排逻辑有别于学术著作和历史专著，也不同于一般的新闻报道。由于水平和认识所限，时间仓促，丛书中所呈现的观点等仍有可能存在待商榷和推敲之处，祈请读者指正。

广州日报读懂广州工作室

二〇二五年五月

北京路
新大新
SALE

KFC
HUAWEI